Haz Algo Hermoso para Dios

Las Enseñanzas Esenciales de Madre Teresa

BLUE SPARROW
North Palm Beach, Florida

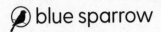

Diseño por Ashley Wirfel

ISBN: 978-1-63582-151-2 (hardcover)
ISBN: 978-1-63582-152-9 (e-Book)

10   9   8   7   6   5   4   3   2

Impreso en los Estados Unido de América

Tabla de Contenidos

Introducción: El Encuentro con una Santa

HACE VEINTE AÑOS que murió la Madre Teresa. Murió humildemente mientras el mundo entero miraba hacia otro lado. El mundo estaba obsesionado con la muerte y el funeral de la princesa Diana, y la Madre Teresa aprovechó esa oportunidad para abandonar este mundo y estar en los brazos de su Dios amado.

La Madre Teresa captó la imaginación de todo el mundo tal como lo hicieron los primeros cristianos al abrazar radicalmente el mensaje del Evangelio de Jesús.

Personas de todos los rincones del mundo estaban intrigadas con su vida y su obra. Hombres, mujeres y niños estaban fascinados con esta monja católica en Calcuta. Tal es el poder alusivo de la santidad.

Ella es realmente un ejemplo moderno de cuán universalmente atractiva es la santidad.

¿Quién amaba a la Madre Teresa? ¿Solo los católicos? No. ¿Solo los cristianos? No. La Madre Teresa era amada por hombres y mujeres de todas las religiones, y también por hombres y mujeres sin fe. ¿Por qué? Simplemente porque no hay nada que sea más atractivo que la santidad. La santidad es irresistible.

Estas son algunas de las cosas que otras personas han dicho sobre la Santa de Calcuta:

«La Madre Teresa marcó la historia de nuestro siglo con valentía. Sirvió a todos los seres humanos promoviendo su dignidad y respeto, e hizo que aquellos que habían sido derrotados por la vida sintieran la ternura de Dios».
—Papa Juan Pablo II

«Cuando entró a la sala para saludarme, sentí que estaba conociendo a una santa».
—Reverendo Billy Graham

«La Madre Teresa es las Naciones Unidas. Ella es la paz en el mundo».
—Javier Pérez de Cuéllar, exsecretario general de la ONU

«La Madre Teresa personificaba una audacia de espíritu y pureza de alma veneradas por todo el mundo... Sirvió de modelo de santidad, virtud y humildad».
—Ronald y Nancy Reagan, 40º presidente y primera dama de los Estados Unidos

«Una pérdida para toda la humanidad. Se le extrañará mucho en nuestros esfuerzos por construir la paz internacional y un orden mundial justo, solidario y equitativo».
—Nelson Mandela, expresidente de Sudáfrica

«Nuestro mundo ha perdido a la santa más célebre de nuestro tiempo. Esta mujer valiente dio esperanza a millones, y nos mostró el poder del cuidado y la bondad humana».

—Coretta Scott King, líder por los derechos civiles y viuda de Martin Luther King, Jr.

«Esta noche, hay menos amor, menos compasión y menos luz en el mundo. Ella nos deja un fuerte mensaje, que no tiene fronteras y que va más allá de la fe: ayudar, escuchar y ser solidarios».

—Jacques Chirac, presidente de Francia

Cada persona que conoció a la Madre Teresa tuvo su propia experiencia. Ahora es tu turno de encontrarla o de reencontrarte con ella. Su vida y su mensaje son eternos. Ella llega a lo más profundo de nuestros corazones, mentes y almas, y nos desafía a abrazar la hermosa generosidad de nuestra propia humanidad.

Biografía: Ella Capturó la Imaginación de Todo el Mundo

LA MADRE TERESA nació con en Serbia el 26 de agosto de 1910 y su nombre era Agnes Bojaxhiu. Agnes creció en Albania, rodeada de riquezas y prosperidad. A pesar de ser ricos, sus padres fueron modelos de virtud. Se amaban profundamente, y ese amor se extendió a Agnes y su hermana. A los dieciocho años, Agnes dejó su casa para unirse a una orden de monjas irlandesas. Ese mismo año, en diciembre de 1928, zarpó a la India para comenzar su labor como novicia de la Orden de Loreto. Ya era la Hermana Teresa, y pasó la mayor parte de los próximos veinte años enseñando. En 1937 hizo sus votos permanentes de pobreza, castidad y obediencia, y como era la costumbre, adoptó el título de Madre.

En 1943, la India estaba desgarrada por la guerra y la hambruna. El gran éxito de Mahatma Gandhi al liberar a la India del dominio británico se había contaminado por la guerra civil entre los musulmanes y los hindúes que vivían en la India. Más gente que nunca se refugió en Calcuta. Finalmente se hizo necesario que el Convento de Loreto trasladara a los niños y a la escuela fuera de la ciudad. En esa época, muchas monjas y órdenes enteras decidieron abandonar la India y cerrar sus escuelas, pero la Madre Teresa se quedó y trabajó incansablemente. A medida que otros se iban, ella daba más y más clases, enseñando eventualmente dos materias a ocho grados.

Era feliz en su trabajo y le gustaba mucho. A mediados de los años cuarenta, su simple presencia ya tenía un poder que había nacido tras muchas horas de oración y reflexión. Pronto la Madre Teresa fue nombrada directora, y le escribió a su madre: «Esta es una nueva vida. Nuestro centro es muy hermoso. Soy maestra y me encanta mi trabajo. También soy la directora de toda la escuela, y todos me desean lo mejor». La respuesta de su madre fue un severo recordatorio de sus intenciones originales de ir a la India: «Querida niña, no olvides que fuiste a la India por el bien de los pobres».

Kipling describió a Calcuta como «la ciudad de una noche espantosa». La Madre Teresa estaba en la capital de la pobreza, una pobreza que la mayoría de la gente ni siquiera había visto de primera mano, y mucho menos había experimentado personalmente. ¿Has estado allí? ¿La has visto en la televisión? ¿Puedes imaginártela?

Este era el mundo que rodeaba a la escuela, y era también el mundo que pedía ayuda a gritos.

En 1946, la Madre Teresa se enfermó gravemente y los médicos le ordenaron que descansara todos los días tres horas en la cama. Tenía muchas dificultades para descansar y no hacer su trabajo, pero este período de descanso forzoso culminó con la orden que recibió para irse de retiro por un mes. La intención era que, en aras de su salud, se sometiera a un período de renovación espiritual y a una pausa física en el trabajo.

El 10 de septiembre de 1946, tomó un tren para Darjeeling, donde iba a hacer el retiro. A bordo de ese tren, la Madre Teresa tuvo una experiencia sobrenatural que cambió la dirección de su vida para siempre. Se refirió a ella como «el llamado dentro del llamado». Muchos años antes ella había sido llamada a la vida religiosa (el llamado). Ahora estaba siendo llamada a algo más (el llamado dentro del llamado). El retiro le ofrecía el período perfecto de silencio, soledad y oración para seguir la experiencia que Dios le había dado mientras iba en el tren.

Los dos años siguientes estuvieron llenos de diálogo entre el obispo —su director espiritual—, y Roma. En 1950, a sus cuarenta años, la Madre Teresa había dejado la escuela y la Orden de Loreto, había fundado las Hermanas de la Caridad y vivía entre las personas más pobres de Calcuta. En ese momento comenzó una nueva vida y tuvo un nuevo sueño. Entró al aula del silencio, se sentó con Dios y le preguntó: «¿Cómo puedo ayudar?». Durante los siguientes veinte años captaría la imaginación de todo el mundo simplemente viviendo el Evangelio. Esa es la potencia y el poder de fascinación que tiene el Evangelio cuando se vive realmente.

¿Cuándo fue la última vez que entraste al aula del silencio, te sentaste con Dios, y le preguntaste, ¿Cómo puedo ayudar?

Durante las siguientes cinco décadas, la Madre Teresa emergió como un ícono de la santidad moderna, capturando la imaginación e intrigando los corazones y las mentes de personas de todas las naciones de la tierra. Dedicada a una vida de simplicidad, ella se entregó a las víctimas más marginadas de la sociedad. Su amor por la gente era tangible. Podías verlo. Podías sentirlo. Podías estirarte y tocarlo. Era real y vivo. No era un sermón o un discurso. A cada momento, ella buscaba simplemente la próxima oportunidad de amar. Cada individuo era importante para ella. «Creo», dijo una vez, «en el contacto personal. Cada persona es Cristo para mí, y como solo hay un Jesús, la persona con la que me encuentro es la única persona en el mundo en ese momento». Quienes pasaban tiempo con ella comentaban a menudo: «En el momento en que estabas con ella, solo estabas tú y ella. Ella no miraba por encima de tu hombro para ver lo que pasaba a tu alrededor. Tenías toda su atención. Era como si nada más existiera para ella salvo tú». En contraste con el materialismo desenfrenado del mundo moderno, la Madre Teresa tenía una atracción que parecía imposible de explicar. El contraste entre el espíritu del mundo y el espíritu de esta mujer era impresionante.

Años atrás, muchos ciudadanos de la India habían viajado cientos de millas, a menudo a pie, para ver a Gandhi. Los hindúes creen que el simple hecho de estar en presencia de una persona santa trae consigo una gran bendición. Ahora buscaban la compañía, la mera presencia, incluso un vistazo a la Madre Teresa, una monja católica. Como si fuera un campo magnético, ella atraía a los ricos y los pobres, a los débiles y a los poderosos, independientemente de su raza o credo.

Con el tiempo, la Madre Teresa fue galardonada con el Premio Nobel de la Paz, la Medalla de la Libertad de los Estados Unidos y el Premio Albert Schweitzer de las Naciones Unidas. Considerada por muchos como una santa viviente, no permitió que toda esa atención la distrajera y permaneció como un alma totalmente dedicada a una vida de servicio.

La Madre Teresa es una de las mujeres más amadas de todos los tiempos. Era una voz firme de amor y fe y, sin embargo, su poder no provenía de las palabras que usaba o de los premios que recibía, y nunca obligó a nadie a adoptar sus creencias. Una vez, cuando le pidieron que hablara de religión, dijo: «La religión no es algo que tú o yo podamos tocar. La religión es la adoración de Dios y, por lo tanto, una cuestión de conciencia. Solo yo debo decidir por mí misma, y tú por ti mismo, aquello que elegimos. Para mí, la religión que vivo y uso para adorar a Dios es la religión católica. Para mí, esta es mi vida, mi alegría, y el mayor regalo de Dios en su amor por mí. No podría haberme dado un regalo más grande».

Cuando reflexiono sobre la vida de la Madre Teresa, las preguntas que me hago son: ¿de dónde viene este poder de amar tan profundamente? ¿De dónde viene la fuerza para servir tan desinteresadamente? ¿Cuál es la fuente de la extraordinaria habilidad de esta mujer para inspirar?

Las respuestas a estas preguntas también están profundamente arraigadas en su vida. Antes que nada, la Madre Teresa era una mujer de oración. Cada día pasaba tres horas en oración ante el Santísimo Sacramento. Su poder para amar, su fuerza para soportar y su don para inspirar a las masas nacieron en el aula del silencio. Esta mujer creía en la centralidad de Jesucristo. Conocía su centralidad en la historia y la eternidad, y confiaba en su propia vida. Ahí está la fuente: ella puso a Jesús en el centro de su vida. En lo más profundo de su corazón, la Madre Teresa sabía que la acción sin la oración no valía nada. La historia de la Madre Teresa es notable, pero la historia dentro de la historia es igualmente notable. Sería un error que examináramos la vida de la Madre Teresa y no hiciéramos algunas preguntas simples: ¿cómo aprendió a vivir, amar y rezar de la forma en que lo hizo? ¿Quién le enseñó? ¿A quién tomó como su modelo a seguir?

Estas preguntas nos conducen a una joven católica que la Madre Teresa nunca conoció: otra monja que vivió en un convento de las Carmelitas en el sur de Francia y murió antes de que naciera la Madre Teresa. Su nombre era Santa Teresa de Lisieux. Santa Teresa creía que el amor se expresa por medio de la atención a las pequeñas cosas que llenan nuestra vida diaria. La Madre Teresa practicaba «el pequeño camino» enseñado por Teresita.

Esta conexión demuestra que cada momento sagrado es un evento histórico. Cada vez que elegimos amar a Dios y al prójimo cambiamos el curso de la historia humana, porque nuestra santidad tiene un eco en las vidas de las personas de otros lugares y épocas. Santa Teresa entró a un convento a los quince años y murió a los veinticuatro, pero su influencia sigue resonando en la vida de más de cuarenta y cinco mil misioneras de la Caridad (la orden que fundó la Madre Teresa) y que actualmente trabajan en 133 países. Es imposible medir el impacto de Santa Teresa de Lisieux en la historia, pero ciertamente es enorme. Cada momento santo es profundamente personal, pero es también comunitario e histórico. La santidad no es algo que hagamos por nosotros mismos; es algo que Dios hace en nosotros si cooperamos. Y es algo que hace en nosotros no solo para nosotros, sino para los demás y para toda la historia.

La Madre Teresa y Teresa de Lisieux cooperaron con Dios para crear momentos santos que tuvieran un impacto histórico. Y Dios quiere colaborar contigo ahora para crear momentos santos, y quién sabe cómo utilizará Él esos momentos santos para desatar Su gran amor por todos nosotros.

Hacer algo hermoso para Dios es la invitación permanente de la Madre Teresa al mundo. No es una invitación abstracta, sino una profundamente personal e íntima. Hay muchas cosas que suceden en el mundo, y también en nuestros propios corazones, mentes y almas. Todo esto hace que sea fácil perder de vista lo que más importa, y dejarnos absorber por lo que menos importa. Pero en medio de toda esta actividad y ruido, la Madre Teresa y todos los santos nos llaman y nos dicen suavemente: ¡haz algo hermoso para Dios con tu vida!

Enero

1 DE ENERO

Vive simplemente para que otros puedan simplemente vivir.

2 DE ENERO

Propaga el amor por todas partes. No dejes que nadie venga a ti sin que se vaya más feliz.

3 DE ENERO

No hay grandes cosas, solo pequeñas cosas con gran amor. Pero esas pequeñas cosas hechas con gran amor se convierten en la fuente de una gran alegría. Yo no hago grandes cosas. Hago pequeñas cosas con gran amor.

4 DE ENERO

Necesitamos encontrar a Dios, pero Él no puede ser encontrado en el ruido y la inquietud. Dios es el amigo del silencio. Mira cómo la naturaleza—los árboles, las flores, la hierba—crece en silencio; mira las estrellas, la luna y el sol, cómo se mueven en silencio . . . Necesitamos el silencio para poder tocar otras almas.

5 DE ENERO

Todo el mundo parece tener hoy en día una prisa muy terrible, ansioso de mayores desarrollos y mayores riquezas y así sucesivamente, de modo que los niños tienen muy poco tiempo para sus padres. Los padres tienen muy poco tiempo el uno para el otro, y en el hogar comienza la perturbación de la paz del mundo.

6 DE ENERO

La pobreza más terrible es la soledad y el sentimiento de no ser amado.

7 DE ENERO

Si juzgas a las personas, no tendrás tiempo para amarlas.

8 DE ENERO

Sé que Dios no me dará nada que yo no pueda manejar. Sin embargo, quisiera que Él no confiara tanto en mí.

9 DE ENERO

Kind words can be short and easy to speak, but their echoes are truly endless.

10 DE ENERO

La santidad no consiste en hacer cosas extraordinarias. Consiste en aceptar con una sonrisa aquello que Jesús nos envía. Consiste en aceptar y seguir la voluntad de Dios.

11 DE ENERO

La oración hace que tu corazón se agrande, hasta que sea capaz de contener el don de Dios mismo.

12 DE ENERO

Sin un espíritu de sacrificio, sin una vida de oración, sin una actitud íntima de penitencia, no seríamos capaces de llevar a cabo nuestra labor.

13 DE ENERO

Hoy en día está muy de moda hablar de los pobres. Desafortunadamente, no está de moda hablar con ellos.

14 DE ENERO

La paz y la guerra comienzan en casa. Si realmente queremos la paz en el mundo, empecemos por amarnos en nuestras propias familias. Si queremos difundir la alegría, necesitamos que cada familia tenga alegría.

15 DE ENERO

En el momento de la muerte no seremos juzgados por el número de las buenas acciones que hayamos hecho o por los diplomas que hayamos recibido en la vida. Seremos juzgados por el amor que hayamos puesto en nuestra labor.

16 DE ENERO

Sonreír a alguien que está triste; visitar, aunque sea por un rato, a alguien que está solo; dar a alguien refugio de la lluvia con nuestro paraguas; leer algo para alguien que está ciego: estas y otras pueden ser cosas pequeñas, muy pequeñas, pero son apropiadas para transmitir nuestra expresión concreta de amor a Dios.

17 DE ENERO

Solo temo una cosa: ¡el dinero! La codicia, el amor al dinero, fue lo que motivó a Judas a vender a Jesús.

18 DE ENERO

Solo Dios conoce nuestras verdaderas necesidades.

19 DE ENERO

La vida es una oportunidad, benefíciate de ella. La vida es belleza, admírala. La vida es un sueño, hazlo realidad. La vida es un reto, acéptalo. La vida es un deber, complétalo. La vida es un juego, juégalo. La vida es una promesa, cúmplela. La vida es una pena, supérala. La vida es una canción, cántala. La vida es una lucha, acéptala. La vida es una tragedia, enfréntala. La vida es una aventura, atrévete. La vida es una suerte, hazlo. La vida es demasiado preciosa, no la destruyas. La vida es la vida, lucha por ella.

20 DE ENERO

Sé fiel en las pequeñas cosas porque es en ellas donde reside tu fuerza.

21 DE ENERO

El mundo cambia con tu ejemplo, no con tu opinión.

22 DE ENERO

Prefiero que cometas errores en la amabilidad a que hagas milagros en la falta de amabilidad.

23 DE ENERO

Rezar no es pedir. Rezar es ponerse en las manos de Dios, a su disposición, y escuchar su voz en el fondo de nuestros corazones.

24 DE ENERO

Creo que el hecho de no ser deseado, no ser amado, no ser cuidado y ser olvidado por todos, es un hambre mucho mayor, una pobreza mucho mayor que el de la persona que no tiene nada que comer.

25 DE ENERO

Tu verdadero carácter se mide con mayor precisión por la forma en que tratas a quienes no pueden hacer nada por ti.

26 DE ENERO

Quiero que te preocupes por tu vecino de al lado. ¿Conoces a tu vecino de al lado?

27 DE ENERO

A veces pensamos que la pobreza es solo estar hambrientos, desnudos y sin hogar. La pobreza de no ser deseado, no ser amado y no ser cuidado es la mayor pobreza. Debemos empezar en nuestros propios hogares para remediar este tipo de pobreza.

28 DE ENERO

Cuando no tengamos nada que dar, démosle esa nada a Dios. Permanezcamos tan vacíos como sea posible para que Él pueda llenarnos.

29 DE ENERO

Cuanto más tienes, más ocupado estás, y menos das. Pero cuanto menos tienes, más libre eres. La pobreza para nosotros es una libertad. No es una mortificación ni una penitencia. Es una libertad alegre. Aquí no hay televisión, ni esto, ni aquello. Pero somos perfectamente felices.

30 DE ENERO

El amor comienza en casa, y no es cuánto hacemos... sino cuánto amor depositamos en esa acción.

31 DE ENERO

El amor no puede permanecer por sí mismo, no tiene sentido. El amor tiene que ser puesto en acción, y esa acción es un servicio.

Febrero

1 DE FEBRERO

Dios me ama. No estoy aquí solo para ocupar un lugar o para ser un número. Él me ha elegido con un propósito. Lo sé.

2 DE FEBRERO

No estoy seguro de cómo será el Cielo, pero sé que cuando muramos y llegue el momento de que Dios nos juzgue, no preguntará: «¿Cuántas cosas buenas hiciste en tu vida?», sino: «¿Cuánto amor pusiste en lo que hiciste?».

3 DE FEBRERO

La diligencia, el entusiasmo, el fervor, es la prueba del amor; y la prueba del fervor es la voluntad de dedicar la propia vida a trabajar por las almas. No estamos atados a un solo lugar; estamos dispuestos a ir por todo el mundo.

4 DE FEBRERO

El milagro no es que hagamos este trabajo, sino que estemos contentos de hacerlo.

5 DE FEBRERO

Cada persona que conocemos es Jesús disfrazado.

6 DE FEBRERO

Soy un pequeño lápiz en la mano de un Dios que escribe y envía una carta de amor al mundo.

7 DE FEBRERO

Yo solía creer que rezar cambia cosas, pero ahora sé que rezar nos cambia, y que nosotros cambiamos las cosas.

8 DE FEBRERO

El comienzo de la oración es el silencio. Si realmente queremos rezar, primero debemos aprender a escuchar, porque en el silencio del corazón habla Dios. Y para poder ver ese silencio, para poder oír a Dios necesitamos un corazón limpio; porque un corazón limpio puede ver a Dios, puede oír a Dios, puede escuchar a Dios; y solo desde la plenitud de nuestro corazón podemos hablar con Dios. Pero no podemos hablar con Él a menos que hayamos escuchado, a menos que hayamos hecho esa conexión con Dios en el silencio de nuestro corazón.

9 DE FEBRERO

Te pido una cosa: no te canses de dar, pero no des tus sobras. Te invito a dar hasta que te duela, hasta que sientas dolor.

10 DE FEBRERO

El hecho de que Dios haya puesto un alma en nuestro camino es una señal de que quiere que hagamos algo por esa persona. No es casualidad; ha sido planeado por Dios. Estamos obligados por la conciencia a ayudarle.

11 DE FEBRERO

Experimentar el asco a veces es bastante natural. La virtud, que a veces es de proporciones heroicas, consiste en ser capaz de superar el disgusto, por amor a Jesús. Este es el secreto que descubrimos en la vida de algunos santos: la capacidad de ir más allá de lo meramente natural.

Esto es lo que le sucedió a Francisco de Asís. Una vez, cuando se encontró con un leproso completamente desfigurado, retrocedió instintivamente. Inmediatamente superó el disgusto y besó la cara desfigurada de los leprosos. El leproso se marchó alabando a Dios y Francisco se llenó de una tremenda alegría.

12 DE FEBRERO

La paz comienza con una sonrisa. Nunca entenderé todo el bien que una simple sonrisa puede lograr.

13 DE FEBRERO

Si no puedes alimentar a cien personas, entonces alimenta solo a una.

14 DE FEBRERO

Dios no requiere que tengamos éxito, solo requiere que lo intentemos.

15 DE FEBRERO

¿Qué puedes hacer para promover la paz mundial? Ve a tu casa y ama a tu familia.

16 DE FEBRERO

No nos conformemos con dar dinero. El dinero no es suficiente, el dinero se puede conseguir, pero las personas necesitan tus corazones para amarlas. Por lo tanto, propaga tu amor dondequiera que vayas.

17 DE FEBRERO

Cuando Jesús estaba muriendo en la cruz, dijo: «Tengo sed». Jesús tiene sed de nuestro amor, y esta es la sed que tenemos todos, ricos y pobres por igual. Todos tenemos sed de amor de los demás, de que se salgan de su camino para no hacernos daño y más bien hacernos el bien. Este es el significado del verdadero amor: dar hasta que nos duela.

18 DE FEBRERO

Yo sola no puedo cambiar el mundo, pero puedo lanzar una piedra a través de las aguas para crear muchas ondas.

19 DE FEBRERO

Dios nos ha creado para amar y ser amados, y este es el comienzo de la oración: saber que Él me ama, que he sido creada para cosas más grandes.

20 DE FEBRERO

Déjame decirte algo: si sientes el peso de tus pecados, ¡no tengas miedo! Dios es un Padre amoroso; la misericordia de Dios es más grande de lo que podemos imaginar.

21 DE FEBRERO

El amor puede ser mal utilizado por motivos egoístas. Si te amo, pero al mismo tiempo quiero quitarte todo lo que pueda, incluso las cosas que no me corresponde quitarte, entonces ya no hay amor verdadero.

22 DE FEBRERO

Independientemente de que seas hindú, musulmán o cristiano, la forma en que vives tu vida es una prueba de que eres o no totalmente Suyo. No podemos condenar, juzgar o transmitir palabras que hieran a una persona. No sabemos de qué manera se le aparece Dios a esa alma y a qué la atrae: por lo tanto, ¿quiénes somos nosotros para condenar a alguien?

23 DE FEBRERO

Si alguien siente que Dios quiere que él o ella transformen las estructuras sociales, es un problema entre esa persona y su Dios. Todos tenemos el deber de servir a Dios allí donde nos sintamos llamados. Yo me siento llamada a ayudar a los individuos, a amar a cada ser humano. Nunca pienso en términos de multitudes en general, sino en términos de cada persona individual. Si pensara en las multitudes, nunca empezaría nada. Es la persona lo que importa. Creo en los encuentros de una persona con otra.

24 DE FEBRERO

Encontrémonos siempre con la sonrisa, porque la sonrisa es el principio del amor.

25 DE FEBRERO

Dulce Señor, hazme apreciar la dignidad de mi llamado y sus muchas responsabilidades. Nunca permitas que yo lo deshonre dando paso a la frialdad, a la falta de amabilidad o a la impaciencia.

26 DE FEBRERO

El amor intenso no mide, solo da. ¿Qué tan intenso es tu amor?

27 DE FEBRERO

No es la magnitud de nuestras acciones, sino la cantidad de amor que depositamos en ellas lo que importa realmente.

28 DE FEBRERO

No tenemos ninguna dificultad en cuanto a tener que trabajar en países con muchas creencias. Tratamos a todas las personas como hijos de Dios. Son nuestros hermanos y hermanas. Les mostramos un gran respeto. Nuestra labor es animar a estas personas, tanto cristianos como no cristianos, a hacer obras de amor. Cada obra de amor hecha con un corazón lleno lleva a la gente más cerca de Dios.

29 DE FEBRERO

Al final de nuestras vidas no seremos juzgados por cuántos diplomas hayamos recibido, cuánto dinero hayamos ganado o cuántas cosas grandes hayamos hecho. Seremos juzgados por: yo tenía hambre y me diste de comer. Yo estaba desnudo y me vestiste. Yo estaba sin hogar y me acogiste.

Marzo

1 DE MARZO

El hambre de amor es mucho más difícil de mitigar que el hambre de pan.

2 DE MARZO

Algunas personas llegan a nuestra vida como bendiciones. Otras vienen a tu vida como lecciones.

3 DE MARZO

Basta con ser feliz en el momento. Cada momento es todo lo que necesitamos, y nada más.

4 DE MARZO

Incluso los ricos están hambrientos de amor, de ser cuidados, de ser queridos, de tener a alguien a quien llamar suyo.

5 DE MARZO

Dios es alegría. La alegría es oración. La alegría es un signo de generosidad. Cuando estás lleno de alegría, te mueves más rápido y quieres hacer el bien a todos. La alegría es un signo de unión con Dios, de la presencia de Dios.

6 DE MARZO

Ten una profunda compasión por la gente. Para poder tener un corazón lleno de compasión necesitamos rezar.

7 DE MARZO

¿Quieres hacer algo hermoso por Dios? Hay una persona que te necesita. Esta es tu oportunidad.

8 DE MARZO

¿Cómo aprendemos a rezar? Cuando sus discípulos le preguntaron a Jesús cómo rezar, Él no les enseñó métodos ni técnicas. Dijo que deberíamos hablar con Dios como con un Padre amoroso.

9 DE MARZO

Recemos por la paz, la alegría y el amor. Recordemos que Jesús vino para traer las buenas nuevas: «Mi paz les dejo, mi paz les doy». No vino para dar la paz del mundo, que significa únicamente no hacernos daño unos a otros. Vino para dar la paz del corazón que viene de amar, de hacer el bien a los demás.

10 DE MARZO

Si te desanimas es un signo de orgullo, porque muestra que confías en tu propio poder. Tu autosuficiencia, tu egoísmo y tu orgullo intelectual inhibirán Su regreso para vivir en tu corazón porque Dios no puede llenar lo que ya está lleno. Es tan simple como eso.

11 DE MARZO

Dios es amigo del silencio. Mientras más nos comprometemos en la oración silenciosa, más podemos dar en nuestra vida activa. Lo esencial no es lo que le decimos a Dios, sino lo que Dios nos dice y lo que dice a través de nosotros.

12 DE MARZO

Hay algunas formas de practicar la humildad: hablar lo menos posible de uno mismo. Ocuparse de sus propios asuntos. No querer manejar los asuntos de los demás. Evitar la curiosidad. Aceptar las contradicciones y correcciones con alegría. Pasar por alto los errores de los demás. Aceptar insultos y heridas. Aceptar que te menosprecien, se olviden y se disgusten de ti. Ser amable y gentil incluso a pesar de la provocación.

13 DE MARZO

No sé lo que está haciendo Dios. Él lo sabe. No lo entendemos, pero de una cosa estoy segura: Él no comete ni un error.

14 DE MARZO

No basta con decir: «Amo a Dios». San Juan dice que eres un mentiroso si dices que amas a Dios, pero no amas a tu prójimo. ¿Cómo puedes amar a Dios, a quien no ves, a quien no tocas, con quien no vives?

15 DE MARZO

La caridad comienza hoy. Alguien está sufriendo hoy, alguien está en la calle, alguien tiene hambre hoy. Nuestro trabajo es para el día de hoy, el ayer ya pasó, el mañana está por venir. No esperes el mañana.

16 DE MARZO

Haz todo lo posible por caminar en presencia de Dios. Para ver a Dios en todo el mundo debes vivir tu meditación matutina durante el día.

17 DE MARZO

Mi objetivo es acercar a la gente a Dios.

18 DE MARZO

Recuerdo a mi madre, a mi padre y al resto de nosotros rezando juntos cada noche. Ese es el mayor regalo para una familia. Mantiene la unidad familiar. Así que vuelve a la oración familiar, enseña a tus hijos a rezar, y reza con ellos.

19 DE MARZO

Acepta lo que Él da y da lo que Él toma con una gran sonrisa.

20 DE MARZO

Tal vez en nuestra propia familia tenemos a alguien que se siente solo, que se siente enfermo, que se siente preocupado. ¿Estamos ahí?

21 DE MARZO

El verdadero amor consiste en dar, y en dar hasta que duela.

22 DE MARZO

No necesitamos armas y bombas para traer la paz, necesitamos amor y compasión. Irradiemos la paz de Dios y encendamos entonces Su luz y extingamos todo el odio y el amor por el poder en el mundo y en los corazones de todos los hombres.

23 DE MARZO

No debemos pensar nunca que ninguno de nosotros es indispensable. Dios tiene Sus caminos y medios. Dios puede permitir que todo se ponga patas arriba en manos de una persona muy talentosa y capaz. El trabajo es inútil, a menos que esté entrelazado con el amor.

24 DE MARZO

Una vez que llega el anhelo de dinero, también llega el anhelo de lo que puede dar el dinero: cosas superfluas. Nuestras necesidades aumentarán, ya que una cosa lleva a la otra y el resultado será una insatisfacción interminable.

25 DE MARZO

La religión no es algo que tú o yo podamos tocar. La religión es la adoración de Dios y, por lo tanto, es una cuestión de conciencia. Solo yo debo decidir por mí misma y tú por ti mismo, aquello que elegimos. Para mí, la religión que vivo y uso para adorar a Dios es la religión católica.

26 DE MARZO

Dios nos está hablando siempre. Escúchalo. Él quiere de nosotros un amor y una compasión profunda. Siente a menudo la necesidad de rezar durante el día. Ama el hecho de rezar.

27 DE MARZO

No habrá paz a menos que haya perdón.

28 DE MARZO

El futuro no está en nuestras manos. No tenemos poder sobre él. Solo podemos actuar hoy.

29 DE MARZO

A través de la oración descubrirás lo que Dios quiere que hagas.

30 DE MARZO

Lo más importante es que mantengamos la obra como Su obra y que no la estropeemos con ningún reclamo.

31 DE MARZO

Hoy, más que nunca, necesitamos rezar para que la luz conozca la voluntad de Dios . . . para que el amor acepte la voluntad de Dios . . . para la forma de hacer la voluntad de Dios . . .

Abril

1 DE ABRIL

Dios no me ha llamado a tener éxito, me ha llamado a ser fiel. Cuando estamos ante Dios, los resultados no importan. La fidelidad es lo que importa.

2 DE ABRIL

Tal vez haya una persona rica que no tenga a nadie que la visite; tiene muchas otras cosas, casi se ahoga en ellas, pero no hay un contacto y necesita tu contacto.

3 DE ABRIL

El fruto del silencio es la oración, el fruto de la oración es la fe, el fruto de la fe es el amor, el fruto del amor es el servicio, el fruto del servicio es la paz.

4 DE ABRIL

¿Quién es Dios? Dios es. Dios es amor. Dios está en todas partes. Dios es el autor de la vida. Dios es un Padre amoroso. Dios es un Padre misericordioso. Dios es todopoderoso y puede cuidarnos. Dios es rico en misericordia y lento para la ira. Dios está con nosotros. Dios está en tu corazón. Dios es considerado. Dios es fiel. Dios es la pureza en sí mismo. Dios es luz. Dios es la verdad. Dios es la alegría. Dios es muy bueno con nosotros. Dios es un amante fiel. Dios es muy generoso y maravilloso.

5 DE ABRIL

Hemos sido creados para amar y ser amados, y Dios se ha hecho hombre para hacer posible que amemos como Él nos amó. Se hace el hambriento, el desnudo, el desamparado, el enfermo, el encarcelado, el solitario, el indeseado...

6 DE ABRIL

Jesús dijo en la cruz: «Tengo sed». No estaba pidiendo algo para beber. Cuando le ofrecieron vinagre, no lo bebió... A menudo, también le ofrecemos a Jesús una bebida amarga. Esta amargura viene del fondo de los corazones y brota en nuestras palabras. Cuando nos damos esta amargura unos a otros, se la damos a Jesús.

7 DE ABRIL

Necesitas una profunda libertad para ser como Jesús. Verás, Él pudo haber nacido en un palacio, pero eligió ser pobre . . . ¿Somos tan libres que podemos estar completamente desnudos con Jesús allá en la cruz?

8 DE ABRIL

Yo sabía que Dios quería algo de mí. Tenía apenas doce años y vivía con mis padres en Yugoslavia, cuando sentí por primera vez un deseo.

9 DE ABRIL

En el mundo hay algunos que luchan por la justicia y los derechos humanos. No tenemos tiempo para esto porque estamos en contacto diario y continuo con hombres que están hambrientos de un pedazo de pan para llevarse a la boca, y de un poco de afecto.

10 DE ABRIL

Seamos muy sinceros en nuestro trato con los demás y tengamos el valor de aceptarnos como somos. No te sorprendas ni te preocupes por el fracaso del otro; más bien mira y encuentra el bien en el otro, porque cada uno de nosotros ha sido creado a imagen de Dios.

11 DE ABRIL

¿Creemos que el amor de Dios es infinitamente más poderoso, que Su misericordia es más tierna que el mal del pecado, que todos los odios, conflictos y tensiones que dividen al mundo? ¿Creemos que el amor de Dios es más poderoso que las bombas y las armas más poderosas jamás hechas por las manos y las mentes humanas?

12 DE ABRIL

Tenemos que amar hasta que duela. No basta con decir: «Yo amo». Debemos poner ese amor en una acción viva. ¿Y cómo lo hacemos? Dando hasta que duela.

13 DE ABRIL

El verdadero amor causa dolor. Jesús, para darnos la prueba de Su amor, murió en la cruz. Una madre, para dar a luz a su bebé, tiene que sufrir. Si amas de verdad, no podrás dejar de hacer sacrificios.

14 DE ABRIL

Un mendigo se me acercó un día y me dijo: «Madre Teresa, todo el mundo te da cosas para los pobres. Yo también quiero darte algo, pero solo tengo diez peniques. Quiero dártelos». Me dije a mí misma: «Si los recibo, puede que él tenga que irse a la cama sin comer. Si no los recibo, lo lastimaré». Así que los recibí. Y nunca he visto tanta alegría en la cara de alguien que ha dado comida o dinero como la que vi en la cara de ese hombre aquel día. Estaba feliz de poder dar algo. Esta es la alegría de amar.

15 DE ABRIL

Todos tenemos un papel que desempeñar en los gloriosos planes de Dios. Incluso si escribes una carta para un ciego, o te sientas a escuchar a alguien, o recibes el correo por él, y visitas a alguien o le llevas una flor, o lavas la ropa de alguien o limpias su casa: son cosas pequeñas, pero son cosas grandes a los ojos de Dios.

16 DE ABRIL

Eres un mensajero del amor de Dios, una lámpara viviente que ofrece su luz a todos, y la sal de la tierra. Lleva a Jesús a la gente y a los lugares que más lo necesitan hoy en día.

17 DE ABRIL

Trata de no juzgar a la gente. Si juzgas a los demás, no los estás amando. No puedes juzgar y amar al mismo tiempo. En vez de eso, trata de ayudarlos viendo sus necesidades y actuando para satisfacerlas. Lo que importa a los ojos de Dios no es lo que alguien pueda o no pueda haber hecho, sino lo que tú has hecho.

18 DE ABRIL

Los pobres nos dan mucho más de lo que nosotros les damos. Son personas tan fuertes que viven día a día sin comida. No tenemos que darles nuestra lástima o simpatía. Tenemos mucho que aprender de ellas.

19 DE ABRIL

Mi secreto es muy simple: rezo. A través de la oración me vuelvo una en el amor con Cristo. Me doy cuenta de que rezarle es amarlo.

20 DE ABRIL

La pobreza no consiste solo en tener hambre de pan, sino que es un hambre tremenda de dignidad humana. Necesitamos amar y ser alguien para alguien más. Aquí es donde cometemos un error y hacemos a un lado a las personas. No solo hemos negado a los pobres un pedazo de pan, sino que al pensar que no tienen ningún valor y dejarlos abandonados en las calles, les hemos negado la dignidad humana que les corresponde por derecho como hijos de Dios.

21 DE ABRIL

No puedo olvidar a mi madre. Normalmente estaba muy ocupada todo el día. Pero cuando se acercaba el atardecer, solía apurarse con sus tareas para estar lista y recibir a mi padre. En ese momento no lo entendíamos, y sonreíamos e incluso bromeábamos un poco sobre ello. Hoy en día, no puedo dejar de recordar la gran delicadeza del amor que ella le tenía. Sin importar lo que pasara, ella siempre estaba preparada para recibirlo con una sonrisa en los labios.

22 DE ABRIL

Cuando estaba entrando a Gaza, me preguntaron en el puesto de control si llevaba armas. Respondí: Oh sí, mis libros de oraciones.

23 DE ABRIL

Tomo al Señor por Su palabra. La fe es un regalo de Dios. Sin fe no habría vida. Y nuestra labor, para ser fructífera y hermosa, tiene que construirse en la fe. El amor y la fe van juntas. Se completan mutuamente.

24 DE ABRIL

Nada puede hacerme santa excepto la presencia de Dios, y para mí, la presencia de Dios es la fidelidad a las cosas pequeñas. La fidelidad a las cosas pequeñas te llevará a Jesús. La infidelidad a las cosas pequeñas te llevará al pecado.

25 DE ABRIL

Debo entregarme completamente a Él. No debo tratar de controlar las acciones de Dios. No debo desear una percepción clara de mi avance en el camino, ni saber con precisión dónde estoy en el camino de la santidad. Le pido a Dios que me haga santo, pero debo dejarle la elección de la santidad misma y más aún la elección de los medios que me lleven a ella.

26 DE ABRIL

No me gusta que me tomen fotos, pero lo utilizo todo para la gloria de Dios. Cuando permito que una persona me tome una foto, le digo a Jesús que saque un alma del Purgatorio y la lleve al Cielo.

27 DE ABRIL

Si eres realmente humilde, si te das cuenta de lo pequeño que eres y de lo mucho que necesitas a Dios, entonces no puedes fallar.

28 DE ABRIL

A menudo me preguntan: «Después de la Madre Teresa, ¿quién?». Esto no será ningún problema. Dios encontrará a alguien más humilde, más obediente, más fiel, alguien con una fe más profunda, y que hará cosas aún más grandes a través de ella.

29 DE ABRIL

Conocer intelectualmente el problema de la pobreza no significa entenderlo. No es leyendo o caminando por los barrios pobres como se llega a comprenderla. Tenemos que sumergirnos en ella, vivirla y compartirla.

30 DE ABRIL

Se nos ordena amar a Dios y al prójimo por igual, sin diferencias. No tenemos que buscar oportunidades para cumplir este mandato; están a nuestro alrededor las veinticuatro horas del día. Debes abrir bien los ojos para que puedas ver las oportunidades de dar un servicio gratuito, con todo el corazón, justo donde estás, en tu familia. Si no le prestas ese servicio a tu familia, no podrás dárselo a los que están fuera de tu casa.

Mayo

1 DE MAYO

Un niño pequeño no tiene dificultad para amar, no tiene obstáculos para amar. Y por eso Jesús dijo: «Si ustedes no cambian y se vuelven como niños, no entrarán en el reino de los cielos».

2 DE MAYO

Cuando Dios nos creó, lo hizo por amor. No hay otra explicación porque Dios es amor. Y Él nos creó para amar y ser amados. Si todo el tiempo pudiéramos recordar esto, no habría guerras, violencia ni odio en el mundo. Es muy hermoso. Y muy simple.

3 DE MAYO

Hoy Dios continúa llamándonos a ti y a mí, pero ¿lo escuchamos?

4 DE MAYO

No nos equivoquemos. El hambre de hoy es de amor . . . Alimentar a los hambrientos, no solo de comida, sino de la Palabra de Dios. Dar de beber al sediento, no solo agua, sino paz, verdad y justicia . . . cuidar al enfermo y al moribundo, no solo su cuerpo, sino también su mente y su espíritu.

5 DE MAYO

Jesús tiene un anhelo profundo y personal de tenerte para Él mismo.

6 DE MAYO

Pregúntate: ¿He oído a Jesús decirme de manera directa y personal: «Quiero tu amor?» Si nuestros corazones son puros y realmente se los entregamos a Él, esto se convierte en parte de nuestra sed de amarlo mejor.

7 DE MAYO

Si solo «decimos» oraciones, entonces, naturalmente, puede que no estés rezando. Rezar significa estar completamente unidos a Jesús de tal manera que Él nos permita rezar en nosotros, con nosotros, por nosotros, ¡y a través de nosotros! Esta adhesión mutua, entre Jesús y yo, es la oración. Todos estamos llamados a rezar así.

8 DE MAYO

La confianza amorosa es solo el fruto de la entrega total. No puedes tener confianza si no eres uno con la otra persona. La entrega total y la confianza amorosa son gemelas.

9 DE MAYO

Jesús mío, haz conmigo lo que quieras, mientras lo desees.

10 DE MAYO

Mira la humildad de Dios. Él se hizo el hambriento para satisfacer nuestra hambre... Mira la unidad entre la oración y el servicio gratuito de todo corazón. Nos encontramos con Jesús en el Pan de Vida en la Eucaristía y la humanidad de Cristo en el disfraz angustioso de los pobres. Estamos llamados a unir ambas cosas... La oración por sí misma... ¡No! El trabajo por sí mismo... ¡No! Ambas cosas deben ir juntas.

11 DE MAYO

Recuerdo cuando me fui de casa hace cincuenta años... mi madre se oponía fuertemente a que me fuera de casa y me convirtiera en una hermana. Al final, cuando se dio cuenta de que eso era lo que Dios quería de mí, dijo algo muy extraño: «Pon tu mano en Su mano y camina sola con Él». No entendí en ese momento, pero así es la vida. Podemos estar rodeados de mucha gente, pero nuestra vocación se vive realmente a solas con Jesús.

12 DE MAYO

Durante veinte años, trabajé en la educación en la escuela secundaria de Santa María. Me encanta enseñar, y fui la monja más feliz del mundo en Loreto.

13 DE MAYO

Veinte años después de venir a la India, decidí tener este contacto cercano con los pobres. Sentí que Dios quería algo más de mí.

14 DE MAYO

No permitas que nada interfiera con tu amor por Jesús. Le perteneces. Nada puede separarte de Él. Es importante recordar esta frase. Él será tu alegría y tu fortaleza. Si te aferras a esta frase, vendrán las tentaciones y las dificultades, pero nada te romperá. Recuerda que has sido creado para grandes cosas.

15 DE MAYO

No busques a Jesús en tierras lejanas; Él no está allá. Él está cerca de ti; Él está contigo. Mantén la lámpara encendida y lo harás; míralo siempre. Sigue llenando la lámpara con estas pequeñas gotas de amor, y verás cuán dulce es el Señor a quien amas.

16 DE MAYO

Somos capaces de atravesar sin miedo los lugares más terribles, porque Jesús está en nosotros. Jesús es nuestra alegría, nuestra fortaleza, nuestra alegría y nuestra compasión.

17 DE MAYO

Jesús nos amó hasta el final, hasta el límite, muriendo en la cruz. Debemos tener este mismo amor que viene de adentro, de nuestra unión con Jesús. Este amor debe ser tan normal para nosotros como vivir y respirar.

18 DE MAYO

El amor no es paternalista y la caridad no es piedad, sino derramarse por los demás. La caridad y el amor son lo mismo: con la caridad se da amor, así que no solo das dinero, sino que también extiendes la mano.

19 DE MAYO

Deberíamos preguntarnos: ¿he experimentado realmente la alegría de amar? El verdadero amor es el amor que causa dolor, que duele, y que produce, sin embargo, alegría. Por eso rezamos pidiendo valor para amar, y para amar más profundamente que nunca.

20 DE MAYO

Para hacer la obra de Dios se necesitan algunas cosas. Necesitamos salud de la mente y del cuerpo. Necesitamos la capacidad de aprender. Necesitamos mucho sentido común y una disposición alegre. Creo que el sentido común y la alegría son muy necesarios si queremos llevar el amor de Dios a tantas personas como sea posible.

21 DE MAYO

Estamos llamados a cultivar ese silencio sagrado que hace que la gente recuerde las palabras de Jesús: mira cómo se aman unos a otros. Con qué frecuencia nos encontramos hablando de los defectos del otro. Cuantas veces nuestra conversación es sobre alguien que no está presente. Sin embargo, mira la compasión de Cristo hacia Judas, el hombre que recibió tanto amor y, sin embargo, traicionó a su propio maestro. Pero el maestro guardó un silencio sagrado y no traicionó a Judas. Jesús podría haber hablado fácilmente en público —como lo hacemos a menudo—, y haber contado las intenciones y acciones ocultas de Judas a los demás. Pero no lo hizo. En cambio, mostró misericordia y caridad. En lugar de condenar a Judas, lo llamó su amigo.

22 DE MAYO

En muchos lugares, los niños son descuidados, pero los animales son cuidados y mimados. A los animales se les da comida especial y otras cosas especiales. A mí también me gustan mucho los perros, pero no soporto ver que a un perro se le dé el lugar de un niño.

23 DE MAYO

A los padres: es muy importante que los niños aprendan de sus padres y madres cómo amarse unos a otros. No en la escuela, no del maestro, sino de ti. Es muy importante que compartan con sus hijos la alegría de amar a los demás. Habrá malentendidos. Cada familia tiene su cruz, su sufrimiento, pero sean siempre los primeros en perdonar con una sonrisa. Alégrense, sean felices.

24 DE MAYO

Todo lo que hacemos cada día es un medio para orientar nuestro amor por Cristo en una acción viva y amorosa. Es muy hermoso completarnos mutuamente. Lo que estamos haciendo en los barrios pobres, tal vez no lo puedas hacer. Lo que estás haciendo allí donde fuiste llamado —en tu familia, en tu vida universitaria, en tu trabajo—, no podemos hacerlo. Pero tú y nosotros estamos haciendo algo hermoso para Dios.

25 DE MAYO

Elige el camino de la paz. No usemos bombas ni armas para vencer al mundo. Usemos el amor y la compasión. La paz comienza con una sonrisa. Sonríe cinco veces al día a alguien a quien no quieres sonreírle en absoluto. Hazlo en nombre de la paz. Irradiemos la paz de Dios. Iluminemos de esta manera el mundo con Su luz y extingamos todo el odio y el amor por el poder. Paz en el mundo, sí, pero primero paz en nuestros corazones. ¿Tienes paz en tu corazón hoy? De lo contrario, ¿por qué no?

26 DE MAYO

Sé fiel al tiempo que dedicas a la oración y asegúrate de que al menos la mitad de tu oración sea en silencio. Esto te acercará a Jesús. Si profundizas en tu vida de oración crecerás en santidad y obtendrás muchas gracias para las almas confiadas a tu cuidado. Profundiza en tu amor mutuo rezando por los demás y compartiendo los pensamientos y las gracias que has recibido en la oración y la lectura.

27 DE MAYO

Estás llamado a ser santo donde estás, donde Dios te ha puesto, ahora mismo.

28 DE MAYO

Resiste a todo lo que te lleve al mal humor. Nuestra oración cada día debe ser: «Que la alegría del Señor sea mi fortaleza». La alegría y el gozo eran la fortaleza de María. Esto la convirtió en una sierva voluntaria de Dios. Solo la alegría podría haberle dado la fortaleza para cruzar rápidamente las colinas de Judea a fin de ver a su prima Isabel, y hacer el trabajo de una sirvienta. Si vamos a ser verdaderas siervas del Señor, entonces nosotras también, cada día, debemos atravesar alegremente y de prisa por las colinas de las dificultades.

29 DE MAYO

Estamos aquí para ser testigos del amor y para celebrar la vida, porque la vida ha sido creada a imagen de Dios. La vida es amar y ser amado. Por eso todos debemos adoptar una postura firme para que ningún niño o niña sea rechazado o no sea amado. Cada niño es un signo del amor de Dios.

30 DE MAYO

Nuestra vida de pobreza es tan necesaria como el trabajo mismo. Solo en el cielo veremos cuánto debemos a los pobres por ayudarnos a amar mejor a Dios gracias a ellos.

31 DE MAYO

Cada día es una preparación para la muerte. Darnos cuenta de esto ayuda de alguna manera, porque cada uno de nosotros tiene que morir un poco cada día. La muerte no es más que volver a Él, donde Él está y donde nosotros pertenecemos.

Junio

1 DE JUNIO

Un hombre me dijo: «Soy ateo», pero habló muy bien del amor. Mi madre me dijo: «No se puede ser ateo cuando se habla tan bien del amor». Donde hay amor, hay Dios. Dios es amor.

2 DE JUNIO

Si tienes hambre de escuchar la voz de Dios, la escucharás. Para escuchar, tienes que dejar de lado todas las demás cosas.

3 DE JUNIO

Ofrezcámosle todo a Jesús; cada pena, humillación, incomodidad. De esta manera, tú también puedes ponerte al pie de la cruz con María, nuestra Madre.

4 DE JUNIO

María permitió a Dios tomar posesión de su vida debido a su pureza, humildad y amor fiel. Ella hizo esto de una manera muy hermosa. Busquemos crecer, bajo la guía de nuestra Madre Celestial, en estas tres importantes actitudes interiores del alma que deleitan el corazón de Dios y le permiten a Él unirse a nosotros.

5 DE JUNIO

La sed de Jesús en la cruz no es imaginación. «Tengo sed», dijo. Escúchalo diciéndotelo a ti... y responde.

6 DE JUNIO

Iba en tren a Darjeeling cuando escuché la voz de Dios. Estaba segura de que era la voz de Dios. Estaba segura de que me llamaba a algo más. El mensaje era claro.

7 DE JUNIO

Si los pobres mueren de hambre, no es porque Dios no se preocupe por ellos. Es más bien porque ni tú ni yo somos lo suficientemente generosos. Es porque no somos instrumentos de amor en las manos de Dios. No reconocemos a Cristo cuando se nos aparece una vez más en el hombre hambriento, en la mujer solitaria, en el niño que busca un lugar para calentarse.

8 DE JUNIO

A veces me siento muy triste, porque hacemos muy poco. La mayoría de la gente nos alaba por nuestras acciones, pero lo que hacemos no es más que una gota de agua en el océano. Apenas sí tiene un impacto en la inmensidad del sufrimiento humano.

9 DE JUNIO

Algunas personas me aconsejan que cambie ciertas cosas. Por ejemplo, me dicen que las hermanas deberían tener ventiladores en la sala común o en la capilla. No quiero que los tengan. Los pobres a los que deben servir no los tienen. Lo mismo ocurre con la rutina de la casa. Siempre le pido a la gente: «¡Por favor no interfieran!»

10 DE JUNIO

Intenta poner el amor por el hogar en el corazón de tus hijos. Haz que anhelen estar con sus familias. Se podría evitar una gran cantidad de pecado si la gente realmente amara como familia.

11 DE JUNIO

La gente a menudo me pregunta: «Trabajas para lograr la paz, ¿por qué no trabajas para disminuir la guerra?». Si trabajamos por la paz habrá menos guerras. Pero no mezclaré nuestro trabajo con la política. La guerra es el fruto de la política, y por eso no me involucro, eso es todo. Si me quedo enfrascada en la política, dejaré de amar, porque tendré que apoyar a uno, y no a todos.

12 DE JUNIO

A los estudiantes: rezo para que todos los jóvenes que se han graduado no lleven solo un papel, sino que lleven consigo el amor, la paz y la alegría. Que se conviertan en el sol del amor de Dios para nuestro pueblo, la esperanza de la felicidad eterna y la llama ardiente del amor adondequiera que vayan. Que se conviertan en portadores del amor de Dios. Que sean capaces de dar lo que han recibido. Porque no han recibido para guardar, sino para compartir.

13 DE JUNIO

Cada ser humano viene de la mano de Dios, y todos sabemos algo del amor que Dios tiene por nosotros a través de cada persona que encontramos. Cualquiera que sea nuestra religión, sabemos que si realmente queremos amar, primero debemos, antes que nada, aprender a perdonar.

14 DE JUNIO

No nos conformemos con dar dinero. El dinero no lo es todo. Los pobres necesitan más que nuestro dinero. Los pobres necesitan el trabajo de nuestras manos y el amor de nuestros corazones. El amor, el amor abundante de Dios vivo en ti y en mí, es la hermosa expresión de nuestra religión cristiana.

15 DE JUNIO

Algunas personas en nuestro país llaman a Dios Ishwar. Otros lo llaman Alá. Y otros simplemente lo llaman Dios. Cada uno de nosotros tiene que reconocer que Él nos creó para cosas más grandes, como amar y ser amados. ¿Quiénes somos nosotros para evitar que nuestra gente busque a Dios, que los ha creado, que los ama y a quien todos debemos volver algún día?

16 DE JUNIO

Las riquezas pueden sofocar si no se usan de la manera correcta, ya sean riquezas espirituales o materiales.

17 DE JUNIO

La santidad no es algo extraordinario, no es algo para unos pocos. La santidad es para cada uno de nosotros. Es un simple deber: la aceptación de Dios con una sonrisa, en todo momento, en cualquier lugar y en todas partes.

18 DE JUNIO

Ofrece a Dios todas tus palabras y todas tus acciones. Todo por Dios. Todo con Dios.

19 DE JUNIO

Nunca pierdas la oportunidad de parecerte más a Jesús.

20 DE JUNIO

Nuestras vidas tienen que alimentarse continuamente de la Eucaristía. Si no fuéramos capaces de ver a Cristo bajo la apariencia del pan, tampoco nos sería posible descubrirlo bajo las apariencias humildes de los cuerpos magullados de los pobres.

21 DE JUNIO

¿Cómo puedes conocer verdaderamente a los pobres si no vives como ellos? Si se quejan de la comida, podemos decir que comemos lo mismo. Cuanto más tenemos, menos podemos dar. La pobreza es un regalo maravilloso porque nos da libertad: significa que tenemos menos obstáculos para Dios.

22 DE JUNIO

La mujer es el corazón del hogar. Oremos para comprender la razón de nuestra existencia: amar y ser amados y, a través de este amor, convertirnos en instrumentos de paz en el mundo.

23 DE JUNIO

Un corazón alegre es el resultado normal de un corazón que arde de amor. La alegría no es simplemente una cuestión de temperamento. Siempre es difícil permanecer alegre; con mayor razón debemos tratar de obtener alegría y estimularla para que crezca en nuestros corazones.

24 DE JUNIO

María mostró una confianza total en Dios al aceptar ser usada como un instrumento en Su plan. Confió en Él a pesar de su nada, porque sabía que Él podía hacer grandes cosas en ella y a través de ella. Una vez que dijo «sí» a Dios, María nunca dudó. Era solo una mujer joven, pero pertenecía a Dios, y nada ni nadie podía separarla de Él.

25 DE JUNIO

Una vez recogí a una niña pequeña que vagaba perdida por las calles. El hambre estaba escrito en su cara. ¡Quién sabe cuánto tiempo había pasado desde que había comido algo! Le ofrecí un pedazo de pan. La pequeña empezó a comer, miga por miga. Le dije: «¡Come, come el pan!». Me miró y dijo: «Tengo miedo de que cuando se me acabe el pan, siga teniendo hambre».

26 DE JUNIO

Siempre comienzo mi oración en silencio, porque es en el silencio del corazón donde Dios habla. Dios y el silencio son grandes amigos. Necesitamos escuchar a Dios, porque no es lo que decimos, sino lo que nos dice a nosotros y a través de nosotros lo que importa.

27 DE JUNIO

Hay mucho sufrimiento en el mundo: físico, material, mental. El sufrimiento de algunos puede ser atribuido a la codicia de otros. El sufrimiento material y físico es el sufrimiento del hambre, de la falta de hogar, de todo tipo de enfermedades. ¿Permitiremos que la codicia gobierne nuestros corazones, o aceptaremos la invitación de Dios a una generosidad alegre?

28 DE JUNIO

Cuando alguien hace algo para herirte, no te vuelvas hacia tu interior, vuélvete hacia esa persona. Se está haciendo daño a sí misma. Aprende a perdonar, sabiendo que todos necesitamos el perdón. Si quieres ser fiel a Dios, aprende de Jesús a ser dócil, humilde y puro. Aprende a perdonar.

29 DE JUNIO

Si me dedicara a luchar por la justicia del mañana o incluso por la de hoy, las personas más necesitadas morirían delante de mí porque les falta un vaso de leche... No condeno a los que luchan por la justicia. Creo que hay diferentes opciones para el pueblo de Dios. Para mí, lo más importante es servir a la gente más necesitada.

30 DE JUNIO

Dejar Loreto fue mi mayor sacrificio, la cosa más difícil que he hecho en la vida. Fue mucho más difícil que dejar a mi familia y a mi país. En Loreto recibí mi formación espiritual.

Julio

1 DE JULIO

Todo el mundo parece tener prisa hoy. Nadie tiene tiempo para dar a los demás: los hijos a sus padres; los padres a sus hijos; los cónyuges entre sí.

2 DE JULIO

Dios creó el mundo entero, pero Él es nuestro Padre. El Padre me ama a mí y a ti. La ternura del amor de Dios... nadie puede amar como Dios. Él nos hizo. Él es Nuestro Padre.

3 DE JULIO

¿Qué es la oración? La oración es la unidad con Dios.

4 DE JULIO

Si oyes con tu corazón, escucharás y entenderás... Hasta que no sepas en tu interior que Jesús tiene sed de ti, no podrás empezar a saber quién quiere ser Él para ti. O quién quiere que seas para Él.

5 DE JULIO

Somos contemplativos en el corazón del mundo... Lo que somos, lo que hacemos; no es lo que hagamos, sino cuánto amor ponemos en ello. ¡Cuánto amor!

6 DE JULIO

No tengas miedo de ser pequeño. Los números no son lo que marcan la diferencia, sino si somos o no realmente de Dios.

7 DE JULIO

Uno de los regalos más bellos que Dios me ha dado es servir y poner mi amor por Jesús en acción viva mientras sirvo a los más pobres de los pobres . . . en dar un tierno amor y cuidado a los pobres, a los moribundos, a los lisiados, a los no deseados, a los no amados, a los leprosos, y así traer nueva vida y nueva alegría a sus vidas.

8 DE JULIO

En mi primer recorrido por las calles de Calcuta, se me acercó un sacerdote. Me pidió que contribuyera a una colecta para la prensa católica. Yo tenía cinco rupias, y ya había dado cuatro a los pobres. Dudé y le di al sacerdote la que quedaba. Esa tarde, el mismo sacerdote vino a verme y trajo un sobre. Me dijo que un hombre se lo había dado porque había oído hablar de mis proyectos y quería ayudarme. Había cincuenta rupias en ese sobre. En ese momento tuve la sensación de que Dios había empezado a bendecir la obra y que nunca me abandonaría.

9 DE JULIO

Una a una, mis antiguas alumnas comenzaron a llegar. Querían dárselo todo a Dios. Con qué alegría guardaron sus saris coloridos para ponerse nuestro pobre algodón.

10 DE JULIO

Una vez que apartemos la mirada de nosotros mismos, de nuestros intereses, de nuestros propios derechos, privilegios y ambiciones, entonces se aclararán para ver a Jesús a nuestro alrededor.

11 DE JULIO

Un alto funcionario del gobierno me dijo una vez: «Usted hace trabajo social y nosotros también. Pero nosotros lo hacemos por algo y usted lo hace por alguien». Para hacer nuestro trabajo tenemos que estar enamoradas de Dios.

12 DE JULIO

Es mucho más fácil conquistar un país que conquistarnos a nosotros mismos.

13 DE JULIO

Cada acto de amor es una obra de paz, sin importar lo pequeña que sea.

14 DE JULIO

No reclamo nada de la obra. Es Su obra. Soy como un pequeño lápiz en Su mano. Eso es todo. Es Él quien piensa. Es Él quien hace la escritura. El lápiz no tiene nada que ver con eso. El lápiz solo tiene que ser permitido para usarlo.

15 DE JULIO

La pobreza rigurosa es nuestra salvaguarda. No queremos, como ha sido el caso de otras órdenes religiosas a lo largo de la historia, comenzar a servir a los pobres y luego avanzar gradualmente hacia el servicio de los ricos. Para comprender y poder ayudar a los que carecen de todo, tenemos que vivir como ellos. La diferencia estriba únicamente en el hecho de que aquellos a los que ayudamos son pobres por fuerza, mientras que nosotros somos pobres por elección.

16 DE JULIO

Estamos completamente a disposición de la Iglesia. Profesamos un profundo amor personal por el Santo Padre. Nos entregamos completamente para unirnos a él como portadores del amor de Dios. Reza por nosotros para que no estropeemos la obra que Dios nos ha llamado a hacer.

17 DE JULIO

No esperes a los líderes; hazlo solo, de persona a persona. Hoy.

18 DE JULIO

El abandono es una pobreza terrible. Hay pobres en todas partes, pero la pobreza más profunda es no ser amado.

19 DE JULIO

He visto todas las enfermedades. He visto a la gente sufrir de maneras inimaginables. Pero les digo que una de las mayores enfermedades es no ser nadie para nadie.

20 DE JULIO

Sabemos muy bien que lo que estamos haciendo no es más que una gota en el océano en todo el esquema de las cosas, pero no para la gente a la que servimos. Por lo tanto, nuestra labor puede ser tan solo una gota en el océano, pero si esa gota no estuviera allí, al océano le faltaría algo.

21 DE JULIO

He conocido a muchos famosos, personas exitosas, gente rica y poderosa. Ninguno de nosotros, ni tú, ni yo, ni ellos, nunca hacemos grandes cosas. Pero todos podemos hacer pequeñas cosas con gran amor, y juntos podemos hacer algo maravilloso.

22 DE JULIO

Sé amable y misericordioso. No permitas que nadie venga a ti sin haberte ido mejor y más feliz. Sé una expresión viva de la bondad de Dios.

23 DE JULIO

Nunca he estado en una guerra, pero he visto hambruna, muerte y destrucción. El otro día me pregunté: ¿Qué siente la gente cuando provoca una guerra? No lo entiendo. Todos somos hijos de Dios. En cada guerra, en ambos bandos, todos los involucrados, y todos los afectados son hijos de Dios.

24 DE JULIO

Todos estamos llamados a trabajar de manera especial por el bien de la paz. Para lograr esa paz, necesitamos aprender de Jesús a ser mansos y humildes de corazón. Solo la humildad nos llevará a la unidad, y la unidad a la paz.

25 DE JULIO

Creo que hoy en día mucha gente piensa que los pobres no son seres humanos como ellos. Los miran con desprecio. Pero si tuvieran un profundo respeto por los pobres, estoy segura de que sería fácil acercarse a ellos y ver que tienen tanto derecho a las cosas de la vida y al amor como cualquiera.

26 DE JULIO

Siento que nos centramos con mucha frecuencia en los aspectos negativos de la vida, en lo que es malo. Si estuviéramos más dispuestos a ver lo bueno y lo bello que nos rodea podríamos transformar la sociedad. Comienza en la familia. A partir de ahí, podemos ayudar a transformar a nuestros vecinos de al lado con un servicio cariñoso, y luego a otros que viven en nuestro vecindario y en la ciudad. Podemos llevar paz y amor al mundo. El mundo entero está hambriento de estas cosas, y cada uno de nosotros puede jugar un pequeño papel en alimentar a esta hambre tan severa.

27 DE JULIO

Vive la vida maravillosamente. Tienes a Jesús contigo, y Él te ama. Si tan solo pudiéramos recordar que Dios nos ama, y que tenemos la oportunidad de amar a los demás como Él nos ama. No en las grandes cosas, sino en las pequeñas cosas con gran amor, entonces tu país se convertirá en un remanso de paz y en una luz ardiente de amor en el mundo.

28 DE JULIO

Debemos saber que hemos sido creados para cosas más grandes, no solo para ser un número en el mundo, no solo para aspirar a títulos y diplomas. No solo para trabajar y lograr objetivos. Hemos sido creados para amar y ser amados. Esto es fácil de olvidar en medio del ajetreo de la vida. Has sido creado para amar y ser amado. Haz del amor una prioridad.

29 DE JULIO

Rezar es necesario, así como el aire es necesario para respirar, como la sangre en nuestros cuerpos, como cualquier otra cosa. Creemos que muchas cosas son necesarias, pero estamos equivocados. Hemos sido engañados y nos engañamos a nosotros mismos. Muy pocas cosas son necesarias, y rezar es una de ellas.

30 DE JULIO

Sirve a Dios con alegría. Que no haya tristeza en tu vida. La única tristeza verdadera es el pecado.

31 DE JULIO

Lleva a Dios a todas las personas que conozcas cada día. La humildad siempre irradia la gloria y la grandeza de Dios. Qué maravillosos son los caminos de Dios que eligió la humildad, la pequeñez, la impotencia y la pobreza para demostrar Su amor al mundo. No temas ser humilde, pequeño e indefenso para probar tu amor a Dios y a los demás.

Agosto

1 DE AGOSTO

Un día, justo al comienzo, no teníamos arroz para la cena y entonces una señora vino y trajo arroz. Dijo que volvía de la oficina «y algo en mí me dijo que fuera donde la Madre Teresa y le llevara arroz». Qué hermoso es cuando escuchamos al Espíritu Santo.

2 DE AGOSTO

Si nuestra vida no tiene oración, es como una casa sin cimientos.

3 DE AGOSTO

El sonido de tus pasos en busca de almas para amar debe ser como una música dulce para Jesús. Mantengan la sed de almas ardiendo siempre en sus corazones.

4 DE AGOSTO

Hasta que no escuches a Jesús en el silencio de tu corazón, no podrás oírlo decir: «Tengo sed» en el corazón de los pobres . . .

5 DE AGOSTO

Cuando una joven de casta alta viene y se pone al servicio de los pobres, es protagonista de una revolución. Es la revolución más grande y difícil: la revolución del amor.

6 DE AGOSTO

El amor es una fruta en temporada en todo momento, y está al alcance de todas las manos. Cualquiera puede recogerlo y no se establece ningún límite.

7 DE AGOSTO

Veo a Dios en cada ser humano. Cuando lavo las heridas del leproso siento que estoy cuidando al Señor mismo. ¿No es acaso una experiencia hermosa?

8 DE AGOSTO

Es fácil sonreír a la gente fuera de tu propia casa. Es muy fácil cuidar a la gente que no conoces bien. Es difícil ser considerado y amable, sonreír y ser cariñoso con aquellos con los que vives día tras día. Esto es especialmente cierto cuando estamos cansados y de mal humor. Todos tenemos estos momentos y es cuando Cristo viene a nosotros con un disfraz angustiante.

9 DE AGOSTO

Si no se permite que la paz y el amor ocupen el lugar que les corresponde en la mesa de negociaciones, entonces el odio y la ira producirán conflictos que continuarán durante muchos años. No se resolverá nada, y se perderán miles de vidas inocentes. Les pido a todos que recen por la paz. Es una prioridad muy urgente.

10 DE AGOSTO

Si eres humilde, nada te tocará. Ni la alabanza ni la deshonra, porque sabes lo que eres. Si te culpan, no te desanimarás; si alguien te llama santo, no te pondrás a ti mismo en un pedestal.

11 DE AGOSTO

Si eres amable, la gente podría acusarte de motivos ocultos. Sé amable de todos modos.

12 DE AGOSTO

El sacrificio, la rendición y el sufrimiento no son temas populares hoy en día. Nuestra cultura nos hace creer que podemos tenerlo todo, que debemos exigir nuestros derechos, que con la tecnología adecuada todo el dolor y los problemas pueden ser superados. Esa no es mi actitud hacia el sacrificio.

13 DE AGOSTO

Dios nos dijo: «Ama a tu prójimo como a ti mismo». Así que primero debo amarme a mí mismo correctamente, y luego amar a mi prójimo del mismo modo. ¿Pero cómo puedo amarme a mí mismo si no me acepto como Dios me ha hecho? Aquellos que niegan las hermosas diferencias entre hombres y mujeres no se aceptan a sí mismos como Dios los ha hecho, y por lo tanto no pueden aceptar ni amar a su prójimo. Solo traerán división, infelicidad y destrucción de la paz al mundo.

14 DE AGOSTO

Estoy convencida de que la juventud de hoy es más generosa que la de tiempos pasados. Nuestra juventud está mejor preparada y más dispuesta a sacrificarse para servir a los demás.

15 DE AGOSTO

No vengas a la oración buscando experiencias extraordinarias. Ven a visitar a tu gran amigo Jesús, siempre presente y esperándote en el tabernáculo. Esta es la amistad que nos fortalece para cumplir con nuestros deberes diarios y corrientes con un amor y una devoción extraordinarios.

16 DE AGOSTO

Si tienes éxito, ganarás falsos amigos y verdaderos enemigos: ten éxito de todos modos.

17 DE AGOSTO

Quédate donde estás. Encuentra tu propia Calcuta. Encuentren a los enfermos, a los que sufren y a los que están solos donde están, en sus casas y en sus familias, en sus lugares de trabajo y en sus escuelas.

18 DE AGOSTO

Es mucho más fácil conquistar un país que conquistarnos a nosotros mismos. Cada acto de desobediencia debilita mi vida espiritual. Es como una herida que deja salir cada gota de sangre. Nada puede causar estragos en nuestra vida espiritual tan rápidamente como la desobediencia.

19 DE AGOSTO

Insistamos cada vez más en recaudar fondos de amor, de bondad, de comprensión, de paz. El dinero llegará. Si buscamos primero el Reino de Dios, el resto se dará.

20 DE AGOSTO

Nosotros también estamos llamados a retirarnos a ciertos intervalos a un silencio más profundo y a la soledad con Dios, tanto en comunidad como personalmente. Estar a solas con Él, no con nuestros libros, pensamientos y recuerdos, sino completamente despojados de todo, para morar amorosamente en Su presencia. Silenciosos, vacíos, expectantes e inmóviles. No podemos encontrar a Dios en el ruido o la agitación.

21 DE AGOSTO

«Madre, ¿cómo puedes permanecer tan alegre rodeada de todo este sufrimiento y ser consciente de que muchas personas son indiferentes?». La pregunta siempre me hace sonreír. Jesús es la fuente de mi alegría, y no nada que sea de este mundo. Acudo a la oración todos los días, para que Él me llene con Su alegría. Cuando estoy cansada y desanimada, voy y me siento con Jesús. Él nos invitó a hacerlo. «Vengan a mí todos ustedes que están cansados de sus trabajos y cargas, y yo los haré descansar. Acepten el yugo que les pongo, y aprendan de mí, que soy paciente y de corazón humilde; así encontrarán descanso. Porque el yugo que les pongo y la carga que les doy a llevar son ligeros».

22 DE AGOSTO

María no se sentía avergonzada. Proclamó a Jesús como su hijo. En el Calvario la vemos de pie, a la madre de Dios, de pie junto a la cruz. ¡Qué fe tan profunda debió tener por amor a su hijo! Verlo deshonrado, no amado y objeto de odio. Sin embargo, ella se mantuvo erguida.

23 DE AGOSTO

Esta es otra paradoja: cuando no tienes nada, entonces lo tienes todo. No tener nada te libera de maneras inimaginables. Ten cuidado con aquello a lo que te apegas. En última instancia, al final tenemos que dejarlo todo. Pero no es cierto que dejemos este mundo sin nada, tal como vinimos al mundo sin nada. No podemos llevarnos cosas o dinero, pero nos llevamos todo el amor con el que hemos dejado que Dios nos llene.

24 DE AGOSTO

Tememos el futuro porque estamos desperdiciando el presente.

25 DE AGOSTO

No creo que haya nadie que necesite la ayuda y la gracia de Dios tanto como yo. A veces me siento muy débil e impotente. Creo que es por eso que Dios me usa, porque no puedo depender de mi propia fortaleza. Confío en Él las veinticuatro horas del día. Si el día tuviera más horas, entonces necesitaría Su ayuda y Su gracia durante esas horas. Me aferro a Él en la oración, y te animo a hacer lo mismo.

26 DE AGOSTO

Cada uno de nosotros es solo un pequeño instrumento. Todos nosotros, después de cumplir nuestra misión, desapareceremos. La única pregunta es: ¿colaborarás con Dios para que te use a fin de hacer Su obra aquí en la tierra?

27 DE AGOSTO

Lo que tardas años en construir, alguien podría destruirlo de la noche a la mañana: constrúyelo de todos modos.

28 DE AGOSTO

Si oyes hablar de alguien que no quiere tener a su hijo, que quiere abortar, intenta convencerla de que me traiga el niño. Amaré a ese niño, que es un signo del amor de Dios . . . No creo que ningún corazón humano tenga el derecho a quitar la vida, o que ninguna mano humana se levante para destruir la vida. La vida es la vida de Dios en nosotros. La vida es el mayor regalo que Dios ha concedido a los seres humanos, y el hombre ha sido creado a imagen de Dios. La vida le pertenece a Dios, y no tenemos derecho a destruirla.

29 DE AGOSTO

La mayor enfermedad de Occidente hoy en día no es la tuberculosis o la lepra; es ser indeseado, no ser amado y no recibir ningún cuidado. Podemos curar las enfermedades físicas con la medicina, pero la única cura para la soledad, la desesperación y la desesperanza es el amor. Hay mucha gente en el mundo que muere por un pedazo de pan, pero hay mucha más gente que muere por un poco de amor. La pobreza en Occidente es un tipo de pobreza diferente; no es solo una pobreza de soledad, sino también una profunda pobreza espiritual. Hay un hambre de amor, así como hay un hambre de Dios.

30 DE AGOSTO

Señor, concédeme tener siempre presente la gran dignidad de la vida a la que me has llamado y a todas sus responsabilidades. Nunca me permitas que la deshonre siendo fría, poco amable, o impaciente.

31 DE AGOSTO

Jesús te ama. Aún más . . . Él te anhela. Te extraña cuando no te acercas. Tiene sed de ti, incluso cuando no te sientes digno.

Septiembre

1 DE SEPTIEMBRE

Sé un alma de oración. Si no aprendemos a rezar, toda nuestra vida estará en desventaja.

2 DE SEPTIEMBRE

Si quieres ser santo, hazte pobre. Jesús se hizo pobre para salvarnos, y si realmente queremos ser pobres como Jesús, entonces tenemos que ser realmente pobres, espiritualmente pobres.

3 DE SEPTIEMBRE

Cuando hablamos de los más pobres de los pobres, ¿quién se te viene a la mente? ¿Quiénes son los más pobres de los pobres? Nadie más que tú y yo. Somos los más pobres de los pobres.

4 DE SEPTIEMBRE

Ese anhelo terrible sigue creciendo y siento como si algo se fuera a romper en mí algún día, y entonces llega esa oscuridad, esa soledad, ese sentimiento de una terrible soledad. El Cielo parece estar cerrado por todos lados, y, sin embargo, anhelo a Dios. Anhelo amarlo con cada gota de vida que hay en mí, y quiero amarlo con un profundo amor personal.

5 DE SEPTIEMBRE

La razón por la que me dieron el Premio Nobel fue por los pobres. El premio, sin embargo, fue más allá de las apariencias. De hecho, despertó las conciencias a favor de los pobres en todo el mundo. Se convirtió en una especie de recordatorio de que los pobres son nuestros hermanos y hermanas, y que tenemos el deber de tratarlos con amor.

6 DE SEPTIEMBRE

Nos preocupamos por miles de leprosos. Están entre las personas más indeseadas, no amadas y abandonadas. El otro día, una de nuestras hermanas estaba lavando a un leproso cubierto de llagas. Un hombre santo musulmán estaba cerca de ella. Dijo: «Todos estos años he creído que Jesucristo es un profeta. Hoy creo que Jesucristo es Dios, ya que ha sido capaz de dar tanta alegría a esta hermana, para que pueda hacer su trabajo con tanto amor».

7 DE SEPTIEMBRE

A veces la gente tiene hambre de algo más que de pan. Es posible que nuestros hijos, nuestro marido, nuestra esposa, no tengan hambre de pan, no necesiten ropa, no carezcan de una casa. ¿Pero estamos igualmente seguros de que no se sienten solos, abandonados, desatendidos, o necesitados de algún afecto?

8 DE SEPTIEMBRE

Dale a Jesús una gran sonrisa cada vez que tu nada te asuste. Mantén la alegría de Jesús como tu fortaleza, sé feliz y en paz, acepta lo que Él te dé o recíbelo con una gran sonrisa.

9 DE SEPTIEMBRE

Al principio, después de dejar mi convento en Loreto, estaba sola cuando llegué a Calcuta. Solo tenía una caja y cinco rupias. Un hombre de Air India quiso darme una linda maleta para llevar las pocas cosas que traía conmigo. Le dije: «No hay que avergonzarse de llevar una caja de cartón». Pero tampoco hay que avergonzarse de preguntar cuando necesitamos orientación o ayuda.

10 DE SEPTIEMBRE

Eres el futuro de la vida familiar. Eres el futuro de la alegría de amar. Eres el futuro de hacer de tu vida algo hermoso para Dios... Que ames a una chica o que ames a un chico es hermoso, pero no lo estropees, no lo destruyas. Pídele a Dios que te guíe en tu amor.

11 DE SEPTIEMBRE

Escuché al Papa Juan Pablo II hablar de la paz, y una cosa que dijo fue esta: «No a la violencia y sí a la paz». ¿Qué es la violencia? En primer lugar, pensamos en armas, cuchillos y asesinatos. Nunca pensamos en relacionar la violencia con nuestras lenguas. Pero la primera arma, el arma más cruel, es la lengua. Examina qué papel ha jugado tu lengua en la creación de la paz o la violencia. Podemos realmente herir a una persona, podemos matarla, con nuestra lengua.

12 DE SEPTIEMBRE

La oración no es para pedir cosas. La oración es para ponerse en las manos de Dios. Ponte a Su disposición y aprende a escuchar Su voz en lo más profundo de tu corazón.

13 DE SEPTIEMBRE

Hay una luz en este mundo, un espíritu sanador más poderoso que cualquier oscuridad que podamos encontrar. A veces perdemos de vista esta fuerza cuando hay sufrimiento. El dolor que presenciamos puede ser abrumador. Entonces, de repente, el Espíritu emergerá a través de la vida de la gente común que escucha un llamado y responde con un amor extraordinario.

14 DE SEPTIEMBRE

Si encuentras serenidad y felicidad, pueden estar celosos de ti: sé feliz de todos modos.

15 DE SEPTIEMBRE

Puedes rezar mientras trabajas. El trabajo no impide la oración y la oración no impide el trabajo. Solo requiere una pequeña elevación de la mente hacia Él: Te amo Dios, confío en Ti, creo en Ti, te necesito ahora. Cosas pequeñas como esa. Son formas maravillosas de rezar y son oraciones maravillosas.

16 DE SEPTIEMBRE

Todos estamos llamados a vivir vidas contemplativas. Contemplar no es estar encerrado en un lugar oscuro, sino permitir que Jesús viva Su pasión, amor y humildad en nosotros, rezando con nosotros, estando con nosotros, santificándonos a nosotros y a los demás a través de nosotros.

17 DE SEPTIEMBRE

Aprendemos la humildad aceptando las humilla-ciones con alegría. No dejes pasar la oportunidad. Es muy fácil ser orgulloso, duro, malhumorado y egoísta, pero hemos sido creados para cosas más grandes. ¿Por qué rebajarse a cosas que estrope-arán la belleza de nuestros corazones?

18 DE SEPTIEMBRE

Confiesa tu pecado y termina con él. La misericordia de Dios es más grande que tu pecado. No tengas miedo, escrúpulos o ansiedad. Eres un pecador lleno de pecado cuando vas a confesarte, y cuando sales eres un pecador sin pecado. Pero siempre, antes y después de todo, eres un hijo de Dios.

19 DE SEPTIEMBRE

¿Qué estás escondiendo? ¿Qué haces en secreto? Hacer cosas en secreto, esconderse, estas cosas son el principio de la mentira.

20 DE SEPTIEMBRE

El perdón está en el corazón de las relaciones sanas. Perdona en lugar de acusar. Perdona y pide ser perdonado. El perdón es un hermoso regalo para dar a aquellos que nos lastiman.

21 DE SEPTIEMBRE

En Occidente hay otro tipo de pobreza, la pobreza espiritual. Esto es mucho peor. La gente no cree en Dios, no reza. La gente no se preocupa por los demás. Tienes la pobreza de la gente que está insatisfecha con lo que tiene, que no sabe cómo sufrir, que cede a la desesperación. Esta pobreza de corazón es a menudo más difícil de aliviar y de vencer.

22 DE SEPTIEMBRE

La alegría es muy contagiosa. Nunca sabremos cuánto bien puede hacer una simple sonrisa. Sé fiel en las pequeñas cosas. Sonríe a la gente que se cruza en tu camino. Tienes una hermosa sonrisa. No la desperdicies. Vive hermosamente. Sonríele a la vida. Sonríe adondequiera que vayas. Sonríe a todos los que conozcas.

23 DE SEPTIEMBRE

¿Dinero? Nunca pienso en él. Siempre llega. Trabajamos para Jesús. Es Su obra y Él proveerá. Siempre ha cuidado de nosotros. Si Él quiere que se haga algo, nos dará los medios. Si no nos da los medios, nos demuestra que no quiere ese trabajo en particular. Así que me olvido de eso.

24 DE SEPTIEMBRE

Muchas personas que tienen muchas posesiones, que tienen muchos bienes y riquezas, están obsesionadas con ellas. Piensan que lo único que cuenta es poseer riquezas. Por eso les resulta tan difícil caminar cada momento de cada día con Dios. Pasan la mayor parte de su tiempo preocupados por el dinero y por las cosas materiales.

25 DE SEPTIEMBRE

No importa lo cansado que estés, no importa lo físicamente agotadora que sea tu vida, haz que sea una prioridad cuidar a alguien que lo necesite. ¿Qué mayor alegría puede haber?

26 DE SEPTIEMBRE

Creo que Dios ama al mundo a través de nosotros .... a través de ti y de mí.

27 DE SEPTIEMBRE

Dios nos creó para amar y ser amados, y por eso tenemos hambre de oportunidades de amar y ser amados. El hambre de amor es mucho más difícil de quitar que el hambre de pan.

28 DE SEPTIEMBRE

Todo comienza con la oración. Todo lo bueno que hacemos fluye a partir de la oración. Pídele a Dios que te llene de Su amor para que puedas llevarlo al mundo y compartirlo con los demás. Hablamos de la oración en la iglesia, ¿pero estamos rezando? Es fácil hablar de los pobres, pero hablar de los pobres no es lo mismo que hablar con los pobres. Es fácil hablar de la oración, pero hablar de la oración no es lo mismo que sentarse en un lugar tranquilo y hablar con Dios.

29 DE SEPTIEMBRE

Vivir una vida cristiana permite el crecimiento de la fe. Ha habido muchos santos que se han ido antes para guiarnos, pero me gustan los que son sencillos, como Santa Teresa de Lisieux. La elegí como mi tocaya porque hacía cosas ordinarias con un amor extraordinario.

30 DE SEPTIEMBRE

La muerte es el momento más decisivo de la vida humana. Es como nuestra coronación: morir en paz con Dios.

Octubre

1 DE OCTUBRE

Si realmente queremos amar, debemos aprender a perdonar.

2 DE OCTUBRE

Cuando tocamos a los enfermos y necesitados, tocamos el cuerpo sufriente de Cristo.

3 DE OCTUBRE

La alegría es oración; la alegría es fortaleza; la alegría es amor; la alegría es una red de amor con la que puedes atrapar a las almas.

4 DE OCTUBRE

La meditación es hablar con Jesús. Es una profunda conversación íntima con Jesús.

5 DE OCTUBRE

Desde la cruz Jesús grita: «Tengo sed». Su sed era de almas, incluso cuando estaba allí muriendo crucificado, solo y despreciado. ¿Quién le traerá esas almas a Él? ¿Podemos tú y yo seguir siendo meros espectadores? ¿Podemos pasar sin hacer nada?

6 DE OCTUBRE

Mira a María Magdalena; estaba muy enamorada de Jesús. Iba a verlo a primera hora de la mañana… ¿Somos así en la Santa Misa? ¿Durante la oración? ¿Tenemos ese afán y ese anhelo de estar con Él?

7 DE OCTUBRE

Cuando miras el funcionamiento interno de los objetos eléctricos, a menudo ves cables pequeños y grandes, nuevos y viejos, baratos y caros, todos alineados. Hasta que la corriente pase a través de ellos no habrá luz. Ese cable somos tú y yo. La corriente es Dios. Tenemos el poder de dejar que la corriente pase a través de nosotros, nos use y produzca la luz del mundo. O podemos negarnos a ser utilizados y permitir que la oscuridad se extienda.

8 DE OCTUBRE

Tú y yo estamos llamados a hacer un trabajo muy humilde. Hay muchas personas que pueden hacer grandes cosas, pero hay muy pocas personas que harán las cosas pequeñas.

9 DE OCTUBRE

La caridad para los pobres es como una llama viva; mientras más seco es el combustible, más brillante arde. En su servicio a los pobres no solo den sus manos, sino también sus corazones. La caridad debe costarnos para ser fructífera. Den, den, den. Den hasta que les duela. Para amar es necesario dar: para dar es necesario liberarse del egoísmo.

10 DE OCTUBRE

Lleven el amor a sus hogares. Si realmente aman a Dios, comiencen a amar a su hijo o hija y a su cónyuge. Y los ancianos, ¿dónde están? ¡En los asilos de ancianos! ¿Por qué no están con ustedes? ¿Y dónde está el niño retrasado? ¡En una institución! ¿Por qué no está contigo? Ese niño es un regalo de Dios.

11 DE OCTUBRE

Un caballero de la fe protestante me lo dijo: «Te amo, amo tu trabajo y amo todo lo que veo aquí. Pero hay una cosa que no entiendo: Nuestra Señora. Estás llena de María». No es difícil de entender que yo le explicara: «Sin María no hay Jesús. Sin madre no hay hijos. Sé que amas a Jesús. Amar y respetar a las mujeres que lo trajeron a Él a este mundo es una extensión natural de tu amor por Jesús. Amar a María no es exclusivamente católico». Unos meses después me envió una tarjeta con estas palabras impresas en letras grandes: «Creo; ¡sin María no hay Jesús! Esto ha cambiado mi vida».

12 DE OCTUBRE

Las constituciones de nuestra orden religiosa establecen: «Nosotros y nuestros pobres confiaremos enteramente en la divina providencia. No nos avergonzamos de mendigar de puerta en puerta como miembros de Cristo, que vivió de limosnas durante su vida pública y a quien servimos en los enfermos y pobres».

13 DE OCTUBRE

La fe en la acción es servicio. Tratamos de ser santas porque creemos. En la mayoría de las habitaciones modernas se ve una luz eléctrica que se puede encender con un interruptor. Pero si no hay conexión con la central eléctrica principal, entonces no puede haber luz. La fe y la oración son nuestra conexión con Dios, y el poder de esa conexión es el servicio.

14 DE OCTUBRE

Cada momento de oración, especialmente ante nuestro Señor en el tabernáculo, es una ganancia segura y positiva. El tiempo que pasamos cada día sentados con Dios es la parte más preciosa de todo el día.

15 DE OCTUBRE

El sufrimiento es una parte inevitable de la vida. Cuando el sufrimiento llegue a nosotros, aceptémoslo con una sonrisa. Este es uno de los mayores regalos que nos ha dado Dios: el valor de aceptar con una sonrisa lo que Él da, lo que Él permite, lo que Él toma.

16 DE OCTUBRE

Si murieras hoy, ¿qué dirían los demás de ti? ¿Qué había en ti que era hermoso, que era como Cristo, que ayudaba a los demás a rezar mejor? Enfréntate a ti mismo, con Jesús a tu lado, y no te conformes con cualquier respuesta. Profundiza en la pregunta. Examina tu vida.

17 DE OCTUBRE

Cuando nos demos cuenta de que todos somos pecadores que necesitan perdón, será más fácil para nosotros perdonar a los demás. Tenemos que ser perdonados para poder perdonar. Si no lo entiendo, será muy difícil para mí decirle a alguien: «Te perdono».

18 DE OCTUBRE

Las riquezas materiales y espirituales pueden ahogarte si no las usas de manera justa. Porque ni siquiera Dios puede poner algo en un corazón que ya está lleno. Un día surge el deseo de dinero y de todo lo que el dinero puede proporcionar: lujos superfluos. Alimentos exquisitos, la ropa más fina, casas lujosas, vacaciones costosas. Estas cosas son nimiedades. Un deseo lleva a otro, y entonces empezamos a pensar que necesitamos estas cosas. El resultado es una insatisfacción incontrolable. Vivamos simplemente y permanezcamos tan vacíos como sea posible para que Dios nos llene.

19 DE OCTUBRE

La vida es una aventura, atrévete.

20 DE OCTUBRE

Si fuéramos verdaderamente humildes, nada nos cambiaría, ni la alabanza ni el desánimo. Si alguien nos criticara, no nos sentiríamos desanimados. Si alguien nos alabara, tampoco nos sentiríamos orgullosos.

21 DE OCTUBRE

Si amas, no puedes fallar. El éxito del amor está en el amar; no está en el resultado del amar. Por supuesto, es natural en el amor querer lo mejor para la otra persona, pero el hecho de que sea así o no no determina el valor de lo que hemos hecho. Hemos amado y eso es algo hermoso, porque cuando amamos permitimos que Dios brille a través de nosotros.

22 DE OCTUBRE

Dios permite el fracaso, pero no quiere que nos desanimemos. Dios no requiere que tengamos éxito, solo requiere que lo intentemos.

23 DE OCTUBRE

No pienses que el amor, para ser genuino, tiene que ser extraordinario. Lo que necesitamos es amar sin cansarnos.

24 DE OCTUBRE

La gente me recuerda lo que una revista dijo una vez sobre mí. Me describía como una «santa viviente». Si alguien ve a Dios en mí, soy feliz. Veo a Dios en todos, especialmente en aquellos que sufren. Y me recuerdo a mí misma lo que dijo San Francisco de Asís: «Soy lo que soy a los ojos de Dios, y nada más».

25 DE OCTUBRE

Creo que una persona que está apegada a las riquezas, que vive con la preocupación de las riquezas, es en realidad muy pobre. Si esta persona pone su dinero al servicio de los demás, entonces es rico, muy rico.

26 DE OCTUBRE

La invitación más atractiva para caminar con Dios es el testimonio de nuestras propias vidas, el espíritu con el que respondemos a nuestro llamado divino, la plenitud de nuestra dedicación, la generosidad y la alegría de nuestro servicio a Dios, y el amor que nos tenemos los unos a los otros.

27 DE OCTUBRE

La gente muere repentinamente todo el tiempo, así que nos puede pasar en cualquier momento. El ayer ya se fue y el mañana no ha llegado todavía; debemos vivir cada día como si fuera el último, para que cuando Dios nos llame estemos listos para ir a la casa de Dios con un corazón limpio.

28 DE OCTUBRE

La alegría es un signo de una personalidad generosa. A veces es también un manto que cubre una vida de gran sacrificio y entrega. Una persona que tiene el don de la alegría suele alcanzar cumbres altas.

29 DE OCTUBRE

No se puede esperar llegar a ser santo sin pagar el precio, y el precio es mucha renuncia, mucha tentación, mucha lucha y persecución, y toda clase de sacrificios. No se puede amar a Dios más que a costa de uno mismo.

30 DE OCTUBRE

Cuando recojo a un hambriento de la calle, le doy un plato de arroz, un pedazo de pan. Pero una persona que está excluida, que no se siente deseada ni amada, sino aterrorizada, la persona que ha sido expulsada de la sociedad, esa pobreza espiritual es mucho más difícil de superar.

31 DE OCTUBRE

Todos mis años de servicio a los pobres me han ayudado a comprender que son precisamente ellos los que mejor entienden la dignidad humana. Si tienen un problema, no es la falta de dinero, sino el hecho de que no se les reconoce el derecho a ser tratados con humanidad y con ternura.

Noviembre

1 DE NOVIEMBRE

Antes de hablar, es necesario que escuches, porque Dios habla en el silencio del corazón.

2 DE NOVIEMBRE

Silencio del corazón. Esto es lo que te permitirá escuchar a Dios en todas partes: al cerrar una puerta, en la persona que te necesita, en los pájaros que cantan, en las flores.

3 DE NOVIEMBRE

Si tuviera que empezar de nuevo, haría lo mismo. He experimentado muchas debilidades humanas, muchas fragilidades humanas, y todavía las experimento.

4 DE NOVIEMBRE

Quienquiera que sea el más pobre de los pobres, esa persona es Cristo para nosotros. Jesús bajo el disfraz del sufrimiento humano.

5 DE NOVIEMBRE

Devuelve la oración a tu vida familiar y experimentarás la unidad y un amor alegre que te unirá. Tal vez haya sufrimiento en tu familia, pero rezar juntos, compartir juntos, amar juntos te ayudará.

6 DE NOVIEMBRE

Nadie puede quitarme la fe. Si para difundir el amor de Jesús entre los pobres y desamparados, no hubiera otra alternativa que permanecer en un país que desprecia el cristianismo, me quedaría allá. Pero no renunciaría a mi fe. Estoy dispuesto a renunciar a mi vida, pero nunca a mi fe.

7 DE NOVIEMBRE

Los jóvenes están llenos de amor y de fortaleza; no malgastes tus energías en cosas inútiles. Mira a tu alrededor y verás a tu hermano y a tu hermana, no solo aquí en los Estados Unidos, no solo en tu ciudad o en tu región, sino en todo el mundo. En todas partes hay seres humanos que tienen hambre, y te miran a ti. Hay tantos que no tienen nada que ponerse y ningún lugar para amar, y te miran con esperanza. No le des la espalda a los pobres, porque los pobres son Cristo.

8 DE NOVIEMBRE

Mantengamos la alegría de amar a Jesús en nuestros corazones. Y compartamos esa alegría con todas las personas que encontremos. Transmitir la alegría es algo muy natural. No tenemos ninguna razón para no estar alegres, ya que Jesús está con nosotros. Jesús está en nuestros corazones. Jesús está en los pobres que encontramos. Jesús está en la sonrisa que les damos a los demás, y Él está en la sonrisa que recibimos de los demás.

9 DE NOVIEMBRE

Cada uno de nosotros está aquí hoy porque hemos sido amados por Dios que nos creó, y por nuestros padres que se preocuparon lo suficiente para darnos la vida. La vida es el regalo más hermoso de Dios. Por eso es tan doloroso ver lo que está sucediendo hoy en tantos lugares del mundo; la vida siendo destruida deliberadamente por la guerra y todo tipo de violencia.

10 DE NOVIEMBRE

No entiendo por qué algunas personas dicen que las mujeres y los hombres son exactamente iguales, y niegan las hermosas diferencias entre hombres y mujeres. Todos los dones de Dios son buenos, pero no todos son iguales.

11 DE NOVIEMBRE

La confianza amorosa y la entrega total hicieron que María dijera «sí» al mensaje del ángel. Y la alegría la hizo correr a toda prisa para servir a su prima Isabel. Esa es nuestra vida: decir «sí» a Jesús y correr apresuradamente para servirle en los más pobres de los pobres. Mantengámonos muy cerca de Nuestra Señora y ella hará que el mismo espíritu crezca en cada uno de nosotros.

—*Fragmento de la última carta de la Madre Teresa, escrita el día de su muerte*

12 DE NOVIEMBRE

Nunca te desanimes. El bien que haces hoy a menudo será olvidado mañana: haz el bien de todos modos. El desánimo no viene de Dios. Él está siempre a nuestro lado animándonos.

13 DE NOVIEMBRE

Nunca puedo olvidar el momento en que di un niño a una familia y después de unos meses supe que estaba muy enfermo. Fui a visitar a la familia y les dije: «Devuélvanme a ese niño. Cuidaré al niño enfermo y les daré otro niño sano». El padre me miró y dijo: «Madre, toma mi vida en vez de la del niño».

14 DE NOVIEMBRE

Cuando estés sufriendo, recuerda siempre que la Pasión de Cristo termina siempre en la alegría de la Resurrección. Así que, cuando sientas en tu propio corazón el sufrimiento de Cristo, recuerda que la Resurrección tiene que llegar. No dejes nunca que nada te llene tanto de dolor como para que olvides la alegría de Jesús resucitado.

15 DE NOVIEMBRE

Un día cada uno de nosotros se encontrará con el Señor del universo. ¿Qué le diremos sobre la vida que hemos vivido... sobre cómo hemos tratado a sus otros hijos?

16 DE NOVIEMBRE

La pobreza nos hace libres. Necesitamos experimentar la alegría de la pobreza. Elegimos la pobreza, elegimos no tener cosas, a diferencia de los más pobres que se ven obligados a ser pobres. Si no tenemos algo, es porque elegimos no tenerlo. En esto, somos libres porque nada nos pertenece. Nuestra pobreza significa que no tengamos el tipo de zapatos que queremos o la casa que queremos. No podemos guardar cosas o regalar algo o prestar algo de valor. No tenemos nada. No poseemos nada. Esta es la experiencia de la pobreza.

17 DE NOVIEMBRE

No hay nada malo con el dinero. Es lo que hacemos con él lo que lo convierte en una influencia positiva o negativa en nuestras vidas. Pero he visto cómo destruye a la gente una y otra vez. Por lo tanto, debemos estar atentos. Nada destruirá nuestra alegría y nuestra conexión con Dios como el dinero.

18 DE NOVIEMBRE

«¡Que brille tu luz!» Jesús nos pide esto a todos. Pero para mantener una lámpara encendida, tenemos que seguir echándole aceite. Reza. Reza. Reza.

19 DE NOVIEMBRE

Todas nuestras palabras serán inútiles a menos que vengan de adentro. Las palabras que no dan la luz de Cristo aumentan la oscuridad. Hoy, más que nunca, necesitamos rezar para que la luz conozca la voluntad de Dios, para que el amor acepte la voluntad de Dios, para que el coraje haga la voluntad de Dios.

20 DE NOVIEMBRE

Sean amables los unos con los otros. Es mejor cometer faltas con dulzura que hacer milagros con falta de bondad.

21 DE NOVIEMBRE

¿Conocemos a nuestra pobre gente? ¿Conocemos a los pobres de nuestra casa, de nuestra familia? Tal vez no tengan hambre de un pedazo de pan. Tal vez nuestros hijos, marido y mujer no tengan hambre de comida, o estén desnudos, o desposeídos. ¿Pero estás seguro de que no hay nadie que se sienta indeseado, o privado de afecto?

22 DE NOVIEMBRE

Una vida no vivida para otros es una vida no vivida.

23 DE NOVIEMBRE

Recuerdo que al principio de mi trabajo tenía una fiebre muy alta y en esa fiebre delirante me presenté ante San Pedro. «¡Regresa! ¡No hay barrios pobres en el cielo!» me dijo. Así que me enojé mucho con él y le dije: «¡Muy bien! ¡Llenaré el Cielo con gente de los barrios pobres y entonces tendrás barrios pobres!»

24 DE NOVIEMBRE

La alegría es muy contagiosa. Esta brillará en tus ojos, en tu conversación y en tu rostro. No podrás ocultarla porque la alegría se desborda.

25 DE NOVIEMBRE

Sal al mundo hoy y ama a las personas que conoces.

26 DE NOVIEMBRE

Podemos mejorar nuestra forma de rezar y, a partir de ahí, nuestra caridad hacia los demás. Puede ser difícil rezar cuando no sabemos cómo hacerlo, pero podemos ayudarnos a nosotros mismos mediante el uso del silencio. Las almas de oración son almas de gran silencio. Este silencio requiere mucho sacrificio, pero si realmente queremos rezar, ahora es el momento de dar ese paso. Sin el primer paso hacia el silencio, no podremos alcanzar nuestra meta, que es la unión con Dios.

27 DE NOVIEMBRE

El futuro pertenece a Dios. Está en Sus manos. Me resulta mucho más fácil aceptar el hoy, porque el ayer se ha ido y el mañana no ha llegado. Solo tengo el hoy.

28 DE NOVIEMBRE

Yo no soy más que un instrumento. La primera vez que recibí un premio, me sorprendió mucho. No sabía si aceptarlo o no. Pero llegué a la conclusión de que debía aceptar los premios en nombre de los más pobres, como una especie de homenaje a ellos. Creo que, básicamente, cuando me dan premios, se reconoce la existencia de los pobres en el mundo.

29 DE NOVIEMBRE

Quien depende de su dinero, o se preocupa por él, es verdaderamente una persona pobre. Si esa persona pone su dinero al servicio de los demás, entonces se vuelve rico; muy rico, realmente.

30 DE NOVIEMBRE

Es fácil amar a la gente de lejos. No siempre es fácil amar a los que están cerca de nosotros. Es más fácil dar una taza de arroz para aliviar el hambre que aliviar la soledad y el dolor de alguien sin amor en nuestra propia casa. Lleva el amor a tu casa porque es allí donde debe comenzar nuestro amor mutuo.

Diciembre

1 DE DICIEMBRE

La temporada de Adviento es como la primavera en la naturaleza, cuando todo se renueva y por lo tanto es fresco y saludable. El Adviento también está destinado a hacer esto con nosotros: refrescarnos y hacernos sanos, para poder recibir a Jesús en cualquier forma que venga a nosotros.

2 DE DICIEMBRE

Abran sus corazones al amor de Dios. Él los ama con ternura, y les dará no solo para dar, sino para compartir. Y cuando recen, pidan valor para que al dar puedan dar hasta que les duela. Este tipo de entrega es el amor en acción.

3 DE DICIEMBRE

Nunca te preocupes por los números. Ayuda a una persona a la vez, y empieza siempre con la persona más cercana a ti.

4 DE DICIEMBRE

No todos podemos hacer grandes cosas, pero podemos hacer pequeñas cosas con gran amor.

5 DE DICIEMBRE

Toquemos a los moribundos, a los pobres, a los solitarios y a los no deseados según las gracias que hemos recibido y no nos avergoncemos ni tardemos en hacer una labor humilde.

6 DE DICIEMBRE

Dios habita en nosotros. No importa dónde te encuentres mientras estés limpio de corazón. Estar limpio de corazón significa apertura, esa libertad completa, ese desprendimiento que te permite amar a Dios sin obstáculos. Cuando el pecado entra en nuestras vidas es un obstáculo personal entre nosotros y Dios. El pecado no es nada más que la esclavitud.

7 DE DICIEMBRE

Yo puedo hacer cosas que tú no puedes, y tú puedes hacer cosas que yo no puedo. Juntos podemos hacer grandes cosas.

8 DE DICIEMBRE

Necesitamos saber qué hay exactamente en ese sí cuándo le decimos sí a Dios. Sí significa «me entrego» totalmente, sin contar el costo, sin preguntar: «¿Es conveniente?» Nuestro sí a Dios es sin reservas.

9 DE DICIEMBRE

Soy albanesa de nacimiento. Ahora soy ciudadana de la India. También soy una monja católica. En mi trabajo, pertenezco al mundo entero. Pero en mi corazón, pertenezco a Jesús.

10 DE DICIEMBRE

Puedo entender la grandeza de Dios, pero no puedo entender Su humildad. Se hace muy evidente porque Él está enamorado de cada uno de nosotros por separado y por completo. Es como si no hubiera nadie más que yo en el mundo. Él me ama muchísimo. Cada uno de nosotros puede decir esto con gran convicción.

11 DE DICIEMBRE

Ven, oh bendito Espíritu de conocimiento y de luz, y concédeme que pueda percibir la voluntad del Padre. Muéstrame la nada de las cosas terrenales, para poder comprender su vanidad y usarlas solo para Tu gloria y mi propia salvación, mirando siempre más allá de ellas hacia Ti y Tu recompensa eterna.

12 DE DICIEMBRE

Respira en mí, oh Espíritu Santo, para que todos mis pensamientos sean santos. Actúa en mí, oh Espíritu Santo, para que mi obra también sea santa. Atrae mi corazón, oh Espíritu Santo, para no amar más que aquello que es santo. Fortaléceme, oh Espíritu Santo, para defender todo aquello que es santo. Guárdame entonces, oh Espíritu Santo, para que siempre pueda ser santa. Amén.

13 DE DICIEMBRE

No tengamos miedo de ser humildes, pequeños e indefensos, para demostrar nuestro amor a Dios. El vaso de agua que le das al enfermo, la manera en que levantas a un moribundo, la forma en que alimentas a un bebé, la manera en que enseñas a un niño aburrido, la forma en que das medicamentos a alguien que sufre de lepra, la alegría con la que sonríes en tu propia casa... todo esto es el amor de Dios en el mundo de hoy.

14 DE DICIEMBRE

No es un pecado ser rico. Cuando esto genera avaricia, se convierte en un pecado. La riqueza es dada por Dios y es nuestro deber dividirla con los menos favorecidos.

15 DE DICIEMBRE

San José supo, cuando María quedó embarazada, que ese niño no era suyo. Vio que estaba embarazada pero no sabía cómo había sucedido. Si él hubiera ido al sumo sacerdote, ella habría sido apedreada hasta morir. ¿Ves la caridad y la consideración de San José? Si tenemos el mismo tipo de caridad y consideración el uno con el otro, nuestras familias se convertirán en la morada del Altísimo. Qué hermosas serán nuestras familias cuando haya una consideración total por los demás.

16 DE DICIEMBRE

La santidad crece rápidamente donde hay bondad. Nunca he oído hablar de almas bondadosas que se extravíen. El mundo está perdido por la falta de dulzura y de bondad.

17 DE DICIEMBRE

Nunca basamos nuestra ayuda en las creencias religiosas de los necesitados, sino en la necesidad en sí. No nos preocupan las creencias religiosas de aquellos a los que ayudamos. Solo nos centramos en su necesidad urgente de nuestro amor y cuidados.

18 DE DICIEMBRE

A las mujeres: Tú y yo —al ser mujeres—, tenemos este regalo maravilloso: el regalo de entender el amor. Lo veo de una manera tan hermosa en la gente a la que servimos, en nuestras pobres mujeres que día tras día se encuentran con el sufrimiento, y lo aceptan por el bien de sus hijos. He visto madres que carecen de tantas cosas, y recurren incluso a la mendicidad para que sus hijos tengan lo que necesitan.

19 DE DICIEMBRE

Si no tenemos paz, es porque hemos olvidado que pertenecemos unos a otros.

20 DE DICIEMBRE

Te pido una cosa: nunca tengas miedo de dar. Hay una profunda alegría en dar, ya que lo que recibimos es mucho más de lo que damos.

21 DE DICIEMBRE

La vida está llena de paradojas. He descubierto que si amas hasta que duela, no puedes haber más dolor, sino solo más amor.

22 DE DICIEMBRE

El amor no tiene otro mensaje que el suyo propio. Todos los días tratamos de vivir el amor de Jesús de una manera muy tangible en cada uno de nuestros actos. Si hacemos alguna predicación, la hacemos con hechos, no con palabras. Este es nuestro testimonio del Evangelio.

23 DE DICIEMBRE

En Dios vivimos, nos movemos y tenemos nuestro ser. Es Dios quien da la vida a todos, quien da el poder y el ser a todo lo que existe. Si no fuera por su presencia sustentadora, todas las cosas dejarían de ser y caerían de nuevo en la nada. Considera que estás en Dios, rodeado y abarcado por Dios, nadando en Dios.

24 DE DICIEMBRE

No es cuánto damos sino cuánto amor ponemos en dar.

25 DE DICIEMBRE

En Navidad, vemos a Jesús como un niño pobre y desvalido. Y Él llegó a amar y a ser amado. ¿Cómo podemos amar a Jesús en el mundo de hoy?

26 DE DICIEMBRE

¿Estoy convencida del amor de Dios por mí y del mío por Él? Esta convicción es la luz del sol que hace que la savia de la vida se levante.

27 DE DICIEMBRE

Cada vez que le sonríes a alguien, es una acción de amor, un regalo para esa persona, una cosa hermosa.

28 DE DICIEMBRE

No sabía que nuestra obra crecería tan rápido o llegaría tan lejos. Nunca dudé que viviría, pero no pensé que sería así. Nunca dudé porque tenía la convicción de que si Dios la bendecía, prosperaría.

29 DE DICIEMBRE

Hay más hambre de amor y aprecio en este mundo que de alimentos.

30 DE DICIEMBRE

El primer requisito de la oración es el silencio. La gente de oración es gente de silencio.

31 DE DICIEMBRE

El ayer ya se fue. El mañana no ha llegado todavía. Solo tenemos el presente. Comencemos.